日本料理

野菜調理ハンドブック

基本の下処理・切り方・味つけ

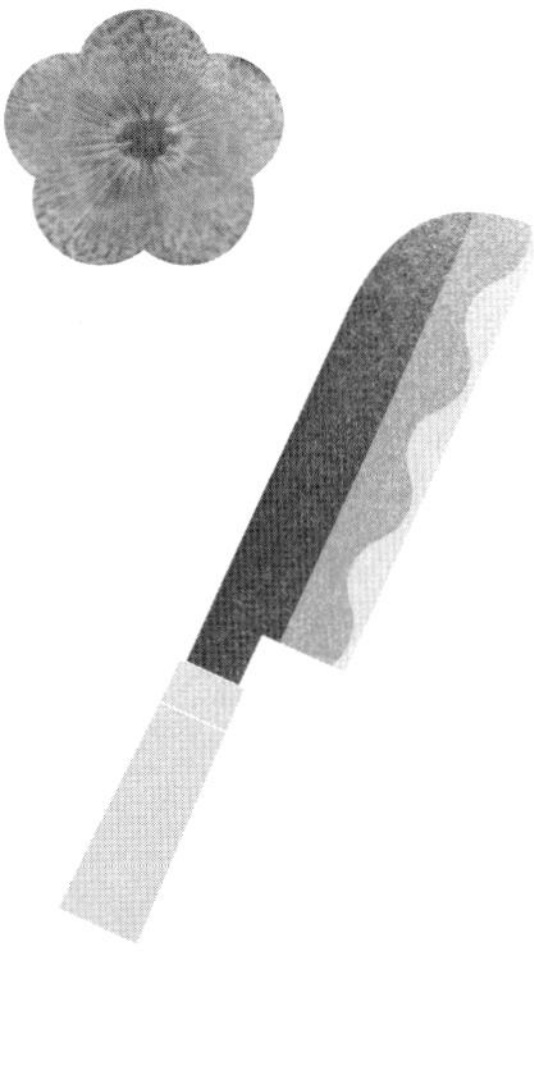

はじめに

　本書の前身である『野菜調理の基礎 下処理・切り方・味つけの技法』の出版から、早いもので十六年が経ちました。この間に世の中はずいぶん様変わりしました。

　でも野菜を扱う「基本」の仕事は、あの頃と寸分変わっておりません。「基本」とは、このように長い年月が経っても変わることのない普遍的なものなのです。

　鮮度を重んじる日本料理においても、流通網の発達によって、使える食材の種類が増え、新しい料理を作ろうと試みる方も少なくないでしょう。成功するか否かは、身につけた「基本」次第です。食材の扱い方、包丁づかい、味つけなど、素材を扱う基本がしっかり身について初めて、新しい味を生み出すことができるのだと思います。

　その「基本」とは決して派手なものではありません。料理人を志す時、だれもが思い描くのは魚をおろしたり、刺身を引いたりする姿で、持っているのは柳刃や出刃だと思います。しかし現実には、調理場でまず持たなければならない包丁は薄刃であり、向かう相手は野菜です。そしてこの薄刃とのつき合いは料理人である限り一生続き、たぶん時間的には一番締める割合が多いはずです。それほど料理の分野において「野菜」は重要な位置を占めている素材なのです。

　野菜には魚と違って骨格がないため、自由に切ることができます。包丁次第、味つけ次第で千変万化します。それだけに油断ができない相手です。簡単そうだけれど難しく、とっつきやすいけれど手強く奥が深い。これまでは魚よりもご馳走感が薄く、脇役として軽視されがちな存在でしたが、野菜の調理技術をきちんと身につけることで、その脇役が燻銀の光を放つ存在にもでき、料理全体の格を上げていけると私は思っています。

　一見やさしそうな、ものを真っ直ぐに切ることや六方むきの面をそろえることがいかに難しいか。しかもプロは大量に、手早く切らねば仕事になりません、考えるよりも身体に憶え込ませるには、繰り返ししかありませんが、そこで大きく差がつくのは惰性で切るか、真剣勝負で切るかの違いです。真剣に切る1枚は、惰性で切る百枚をはるかにしのぐでしょう。下処理、味つけも然りです。

　「プロは基本を繰り返す」という言葉があります。基本をきちんと身につけておけば、どんな困難な場面に出会ってもそこへ戻ることで解決の糸口を見つけることができます。

　本書で記したものは、これだけは身につけてほしいと思う野菜調理の基本です。参考までにそれを応用した料理を添えております。いろいろな方法があるとは思いますが、私が師匠から学んだやり方に私なりの工夫を重ねてきたものです。プロとして繰り返し学ぶための参考に、そして野菜の大切さ、野菜調理の面白さを再認識するきっかけにしていただけたら幸いです。

二〇一六年八月

奥田高光

目次

撮影／吉澤善太
デザイン／山本 陽、菅井佳奈
（エムティクリエイティブ）
編集／柏井久深子、佐藤順子

本書を使う前に
・料理の材料配合で単位がないものは、割合をしめしている。

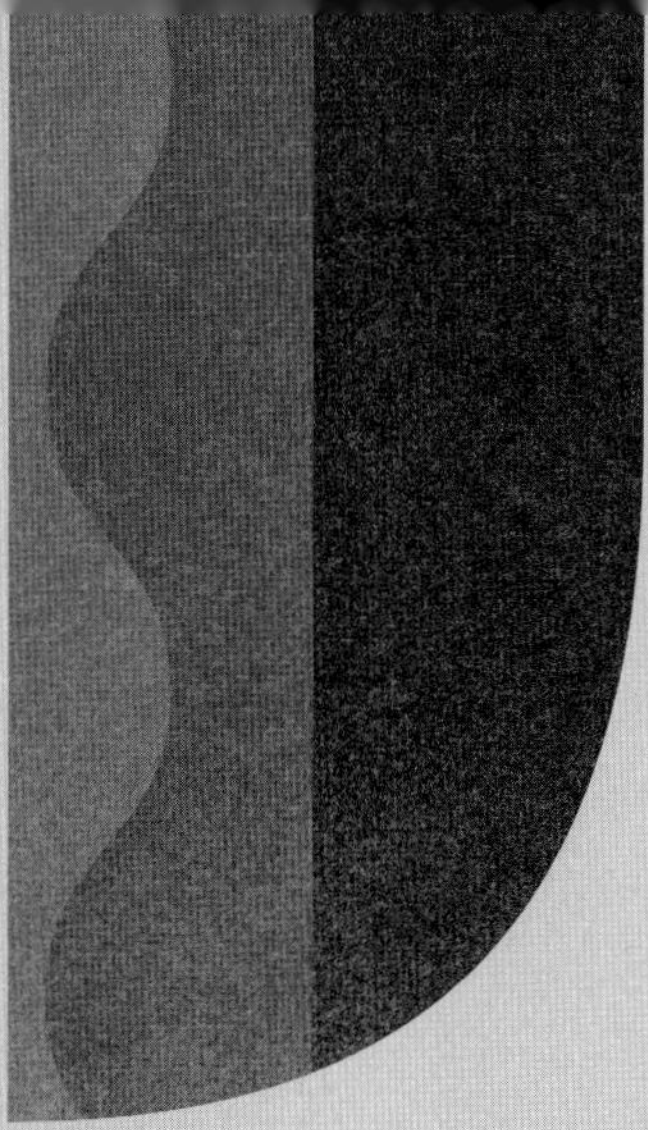

第1章 野菜調理の基本

野菜調理の道具

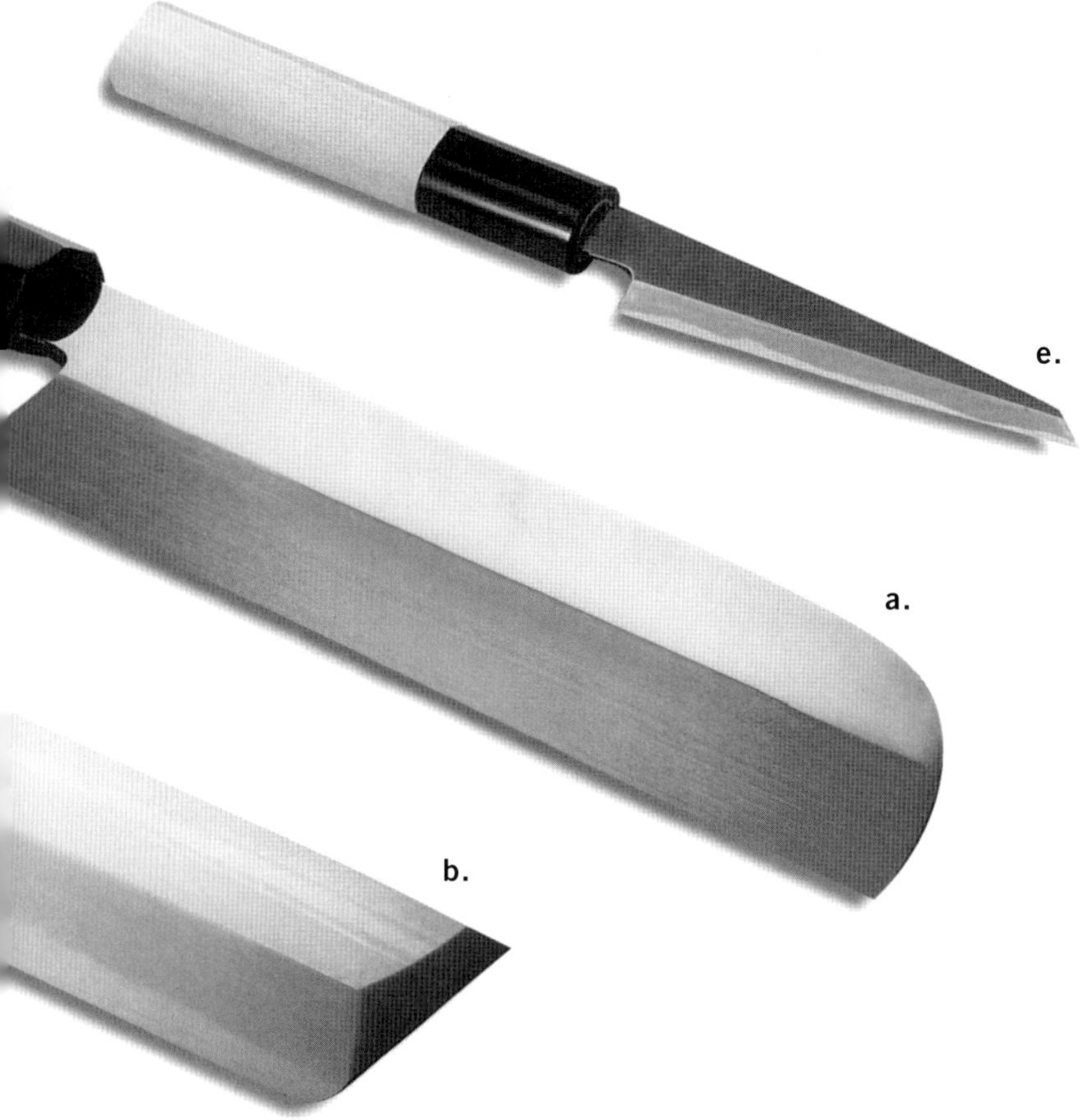

薄刃包丁

関西型……a.
関東型……b.

日本料理で使う包丁はいずれも片刃包丁である。柳刃包丁、出刃包丁、薄刃包丁……。調理場にある包丁の中で、野菜の調理に一番出番が多いのが薄刃包丁。「薄刃」という名前どおりに薄めに作られていて他の包丁に比べてかなり幅広である。

切れ刃が広く、刃身が薄いのは、繊維を壊さず薄く皮をむいたり、細くせん切りにしたり、繊細な仕事ができるように。幅広なのは、大きく皮をむいたり、きざんだりするのに便利だからである。

切っ先を飾り切り、へぎ切り、そぎ切りに使い、刃元を野菜の皮むき、芽のくり抜きに、中央部分は桂むきやけん、ツマなどの細工、面取り、きざみなどに使い分ける。

伝統的に関西型と関東型があり、修業時についた師匠によって技術とともに伝承されている。関西型は先が鎌のように丸みをもたせてあり、関東型は峰と刃道が平行で切っ先が四角く、飾り切りや細工にはやや不便。

［サイズ：15～24㎝、1.5㎝きざみ］

むきもの細工包丁……c.

切っ先が菱三角形の関東型。用途は薄刃包丁と同じだが、小型で峰の厚さが数段薄いので正確に真っ直ぐ切り落とすことができる。むきものの粗取り、飾り切りに使われる。先が尖っているので、切り込みを入れたり、えぐる時に便利。

［サイズ：18〜21㎝、3㎝きざみ］

面取りむき包丁……d.

鎌形薄刃包丁の小型で、薄刃包丁とほとんど同じ用途に使うが、とくに小型野菜の皮むきや細工、面取り、きざみに便利。

［サイズ：9〜12㎝、1・5㎝きざみ］

細工用小包丁……e.

先が尖っていて、おもに葉蘭の葉を切る時に使う。飾り切りや細やかな細工には小型で使いやすい。

［サイズ：9㎝］

むきもの飾り切りの道具

野菜のむきものや飾り切りに活用する小型の包丁や道具。

いろいろな種類があるが、ここに挙げたものをまず用意すれば、基本のむきものには用が足りる。

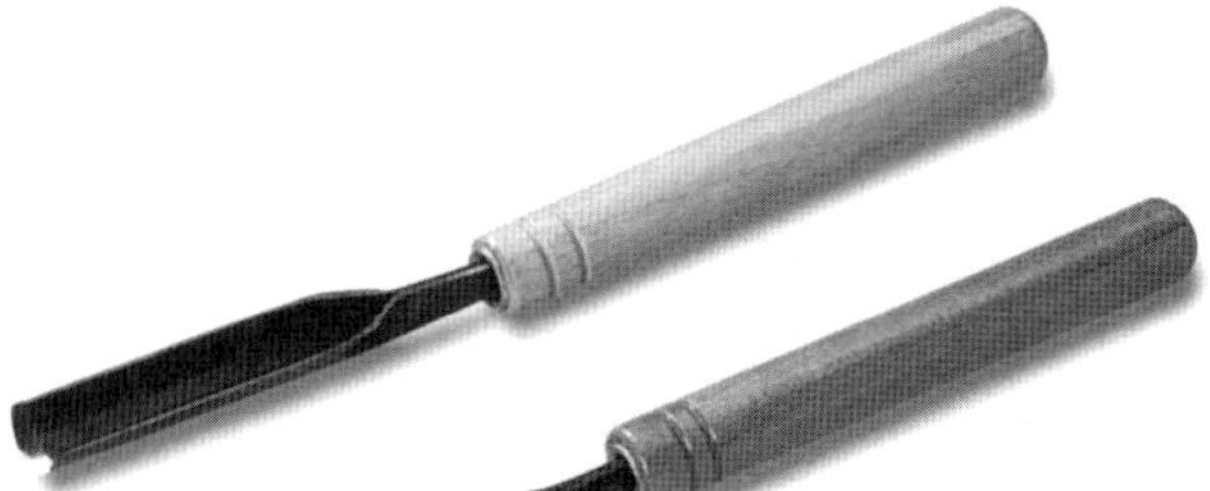

a.

b.

c.

d.

つぼきり（坪錐）……a.

角と丸があり、彫刻刀のように円やV字のスジを切り込む時、穴を開ける時に使う。大小を使い分ける。ただし丸型は彫刻等とは反対に刃がついている。

曲がり切り出し……b.

粗取りした後の飾り切りや、削ったり、えぐったりして細かな形をつける時に使う。鉛筆のように持つとよい。小刀のように刃が真っ直ぐなものは「切り出し」と呼ぶ。

くり抜き……c.

野菜を丸くくり抜いたり、芯を取ったり穴を開ける時に使う。

筒抜き……d.

むきもので円筒に抜く時に使う。月冠とも呼び、根菜をくり抜いて他の料理を射込む時には、この筒抜きを使う。

e.

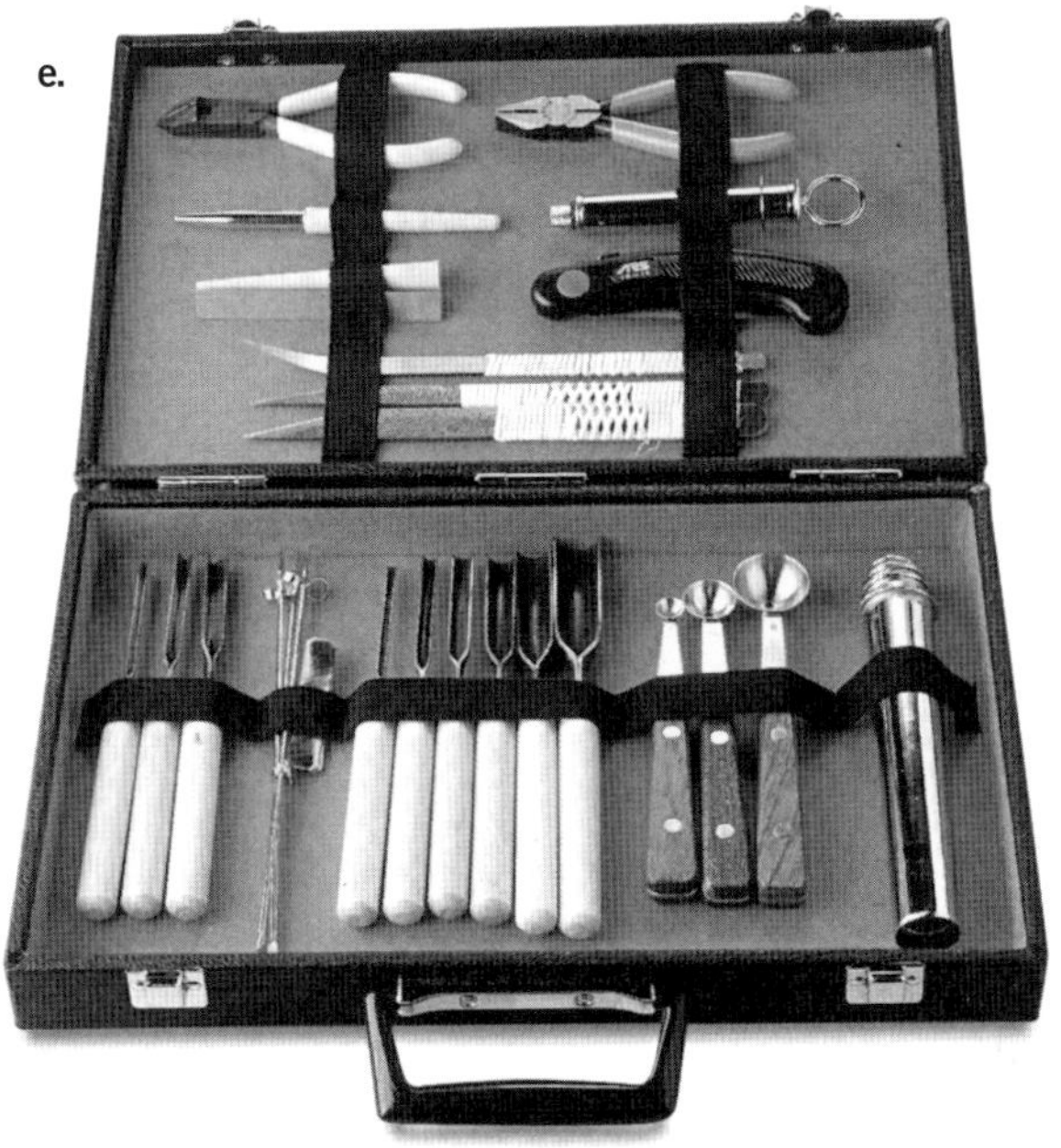

f.

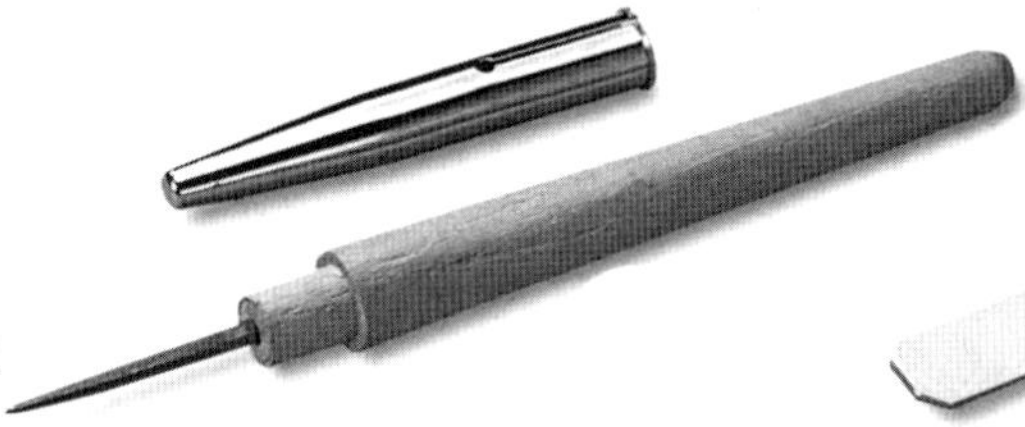

g.

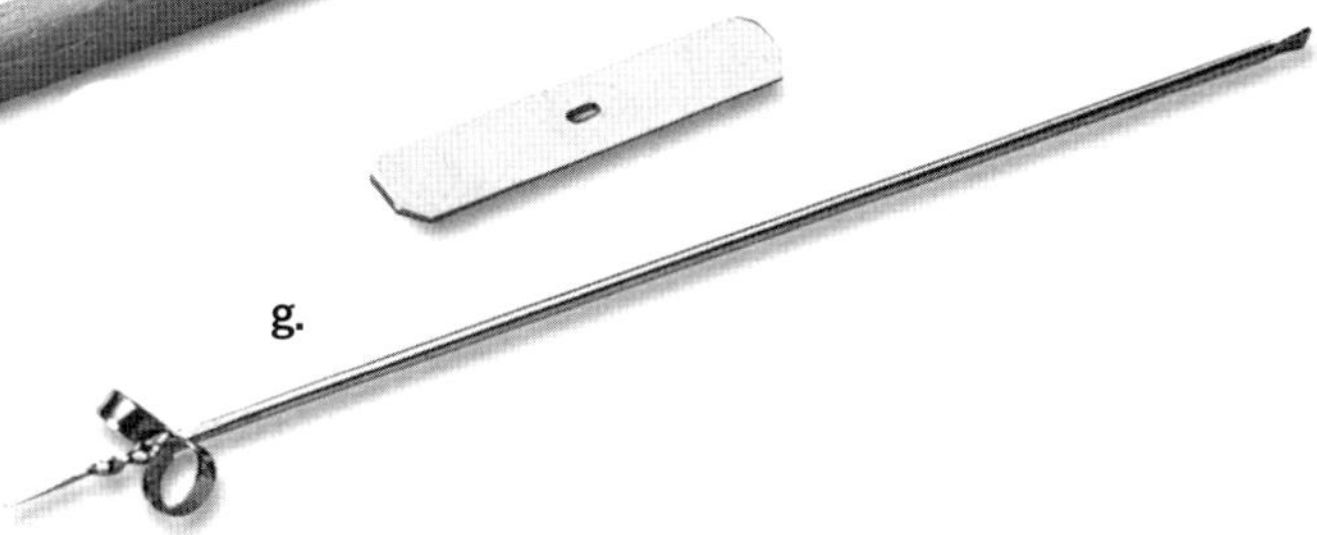

いろいろなサイズがセットになっている。

むきもの道具セット……e.

他にニッパー、ペンチ、のこぎり（鋸）、砥石などがセットになっている。

きり（錐）……f.

小さな穴を開けるのに使う。とくに極細錐はポイントの目打ち、たとえばカエルの目に胡麻を埋め込む時などに使う。

たづな抜き（手綱抜き）……g.

持つところに羽根がついていて、材料にグルグルねじ込むと、らせん状のものが2つでき上がる。ねじ込んだ手綱抜きは羽根を取って反対側から引っ張り出す。

協力・一竿子忠綱本舗（大阪・堺）

基本の包丁使い

姿勢と立ち方

1
両足を肩幅に開き、こぶし1つ開けてまな板に正対し、背筋を伸ばして自然な状態で真っ直ぐに立つ。

2
右足を半歩後ろに引き、まな板に対して、45度身体と足先を開くと安定して長時間仕事ができる。よく「腰で切る」というが、開くことで腰が安定して全身に力が入る。

3
上半身はまな板に正対する。包丁はまな板に直角になるように構え、包丁の真上に目線がくるように身体を軽く傾ける。調理台をへその位置よりもやや低めにすると、この姿勢が保ちやすい。

4
腕は両脇につけず、手のひら1枚を挟むような感覚で、自由に手が動くようにゆったりと構える。

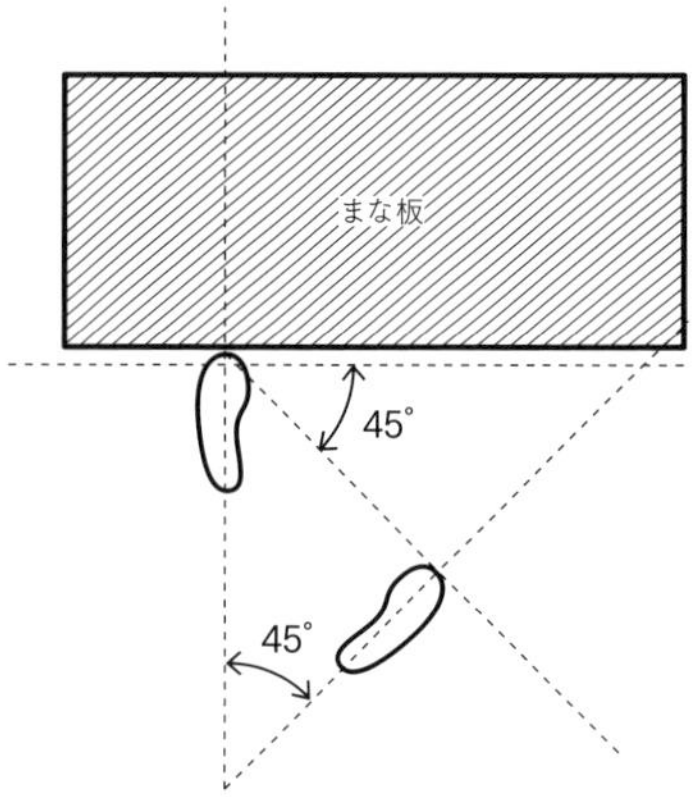

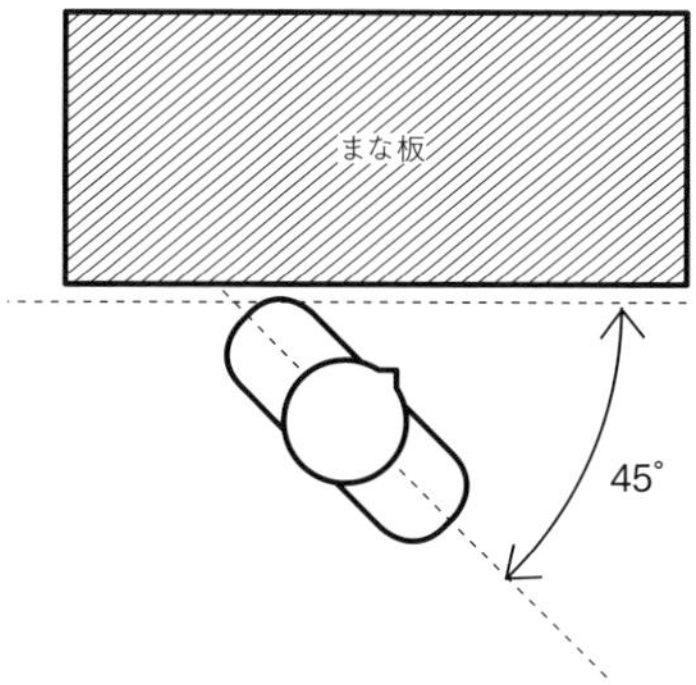

包丁と手の基本の位置

野菜をきざむ時、まな板の上の左手は素材をしっかり押さえ、すべったり必要以上に動かないように安定していることが大切。しかも切り進むにつれて、包丁とともに左へスムーズに動く体制を保つ位置でなければならない。

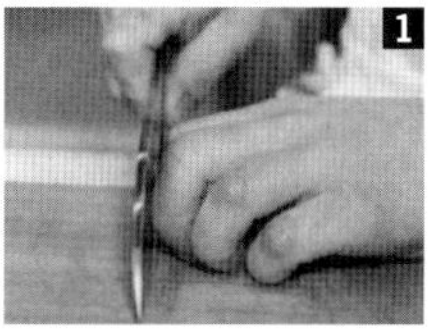

左手の指を素材の上に置き、猫の手のように軽く曲げる。親指で素材の側面を押さえ、人差し指と中指の第1関節が包丁の平に軽くあたるようにする。

包丁はまな板と直角。左手の関節にぴったりとあてる。左手の指を切る幅だけ左に移動させながら切る。この時に左手首を軽く上げ、手のひらをまな板から上げておく。下がってまな板に落ちてしまうと動きがとれなくなる。
包丁の柄は常に右手首の外側に。内側にきていると手首のスナップがきかず、動きがとれなくなる。

薄刃包丁の各部分の名称

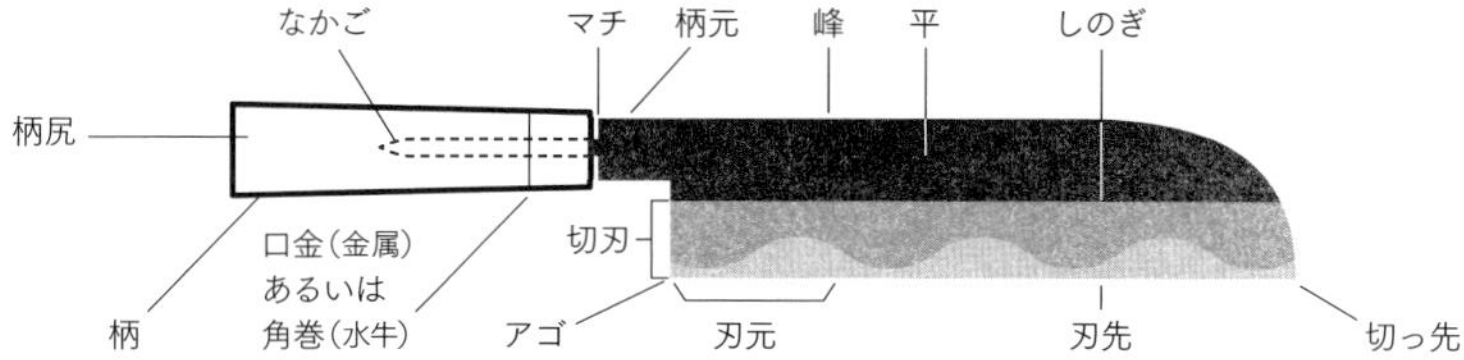

挟む形

包丁が安定し、自由がきくのでスピードが出る。野菜を切る時はほとんどこの持ち方で用が足りる。

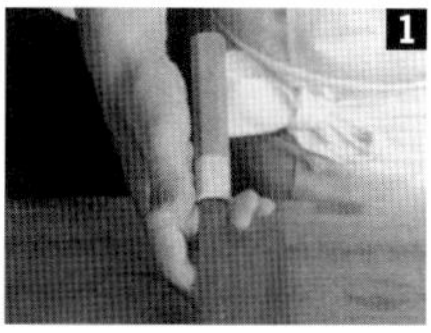
1 中指の第1関節を包丁の柄元にかける。

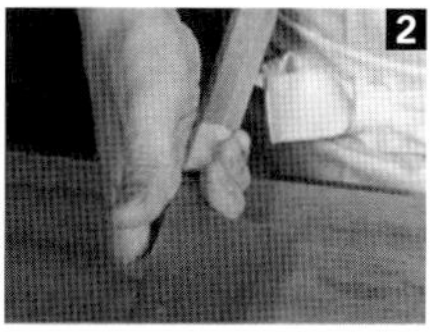
2 中指、薬指、小指で柄を握る。小指に力を入れ、残りの2本は添える感じ。

3 手の甲を上に向ける。

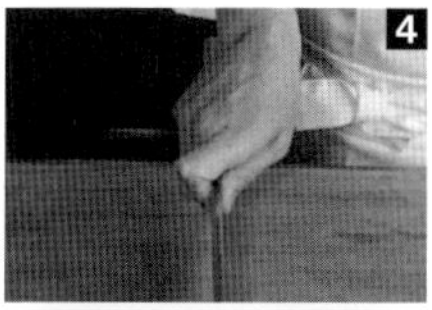

4 親指と人差し指で刃元のほうの平をしっかり挟む。

5 反対側から見たところ。

悪い例

人差し指が下に流れると、包丁を持つ重心がずれて、真っ直ぐに切り込めない。

押さえる形

人差し指が支柱となって、包丁の横ぶれを防ぐことができるが、スピードが出にくい。薄くへいだり、刺身包丁で造りを引くなど、正確な角度がほしい場合に適している。

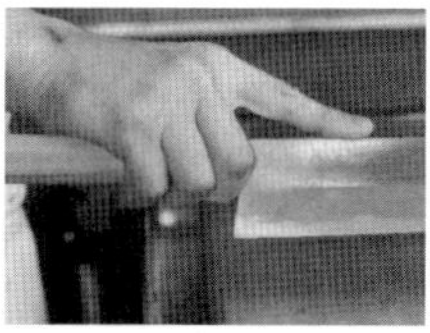
持ち方は挟む形と同じ。人差し指を真っ直ぐ峰に置く。

裏側から見たところ。親指は挟む形と同じ。

悪い例

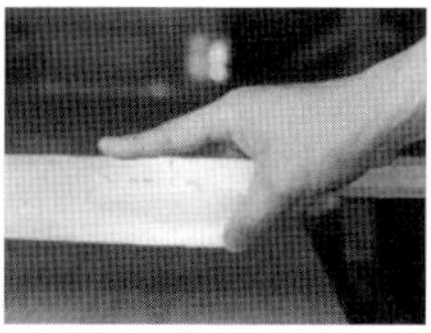
人差し指と親指が開いてしまう。安定感がなく、刃先で親指を傷つけやすい。

握る形

全部の指でしっかり柄を握り、上下に手首のスナップをきかせて叩くように切る。左手で峰の先を押さえてバランスをとる場合もある。

押し切り

野菜を切る仕事のほとんどが、この押し切りによる。押し切りという言葉からは、上から下へ真っ直ぐに押すという印象を与えがちで、実際にそのような切り方をいう場合があるが、ここでは、包丁を向こうへ押すような動きで切ることをいう。

　使う刃の長さ（刃渡り）が長いほど包丁が材料により鋭角で入ることになり、美しいつやのある切り口になる。

　せん切り、みじん切りなどは、この動作を早いリズムで連続的に繰り返す。

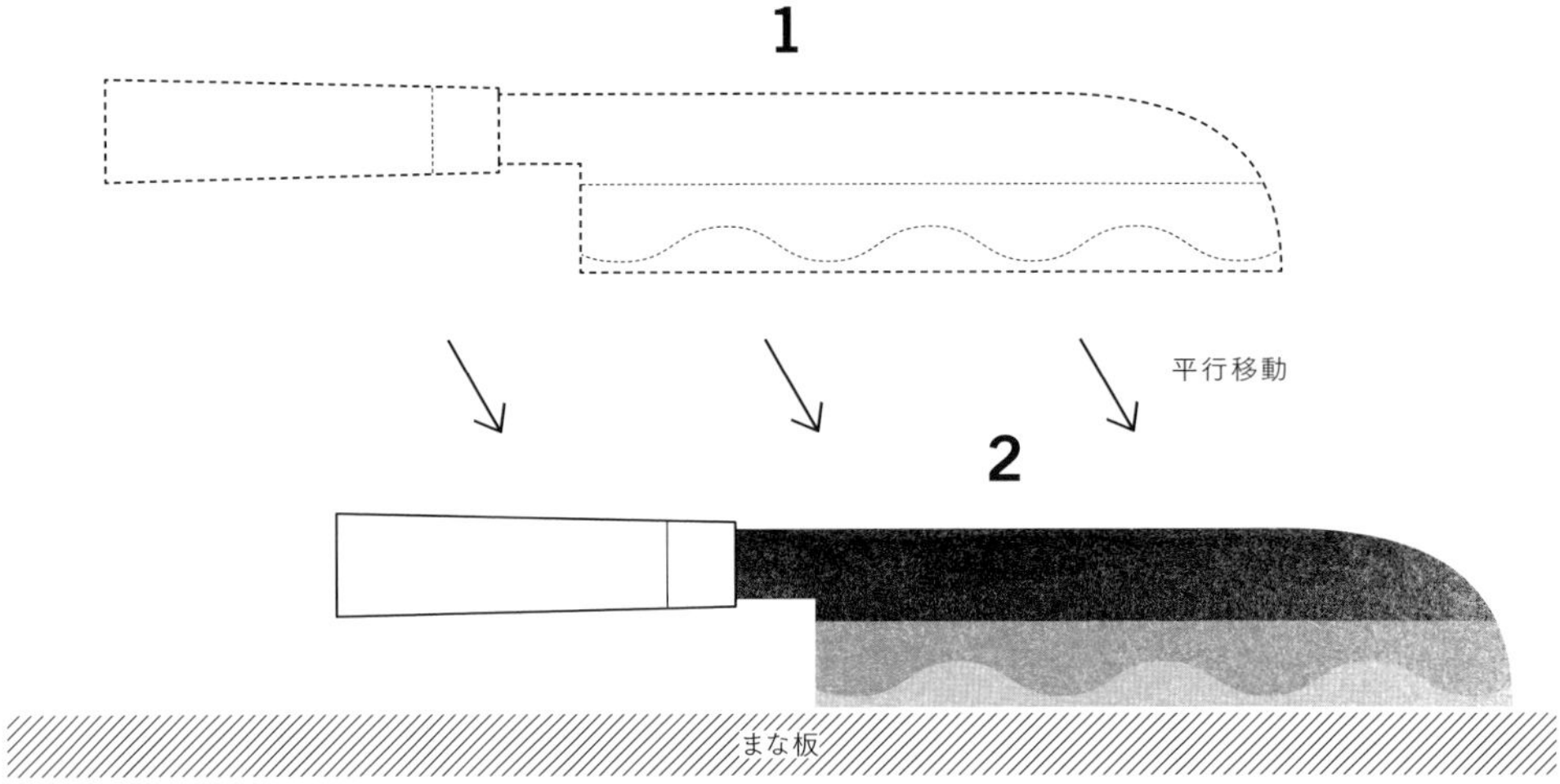

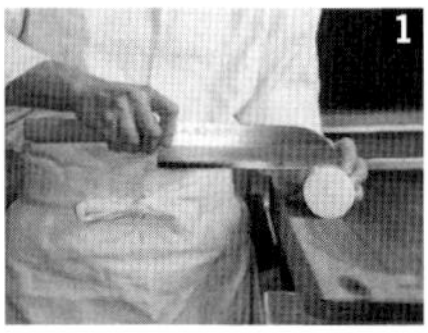

左手で材料を固定する。包丁の先端を材料の手前から入れる。

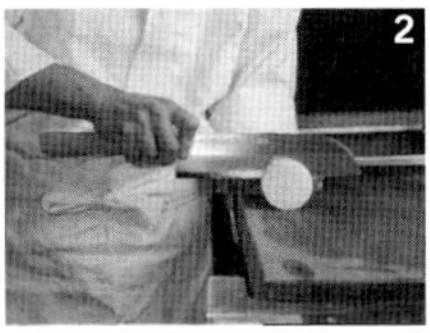

向こうに押すように切り進める。

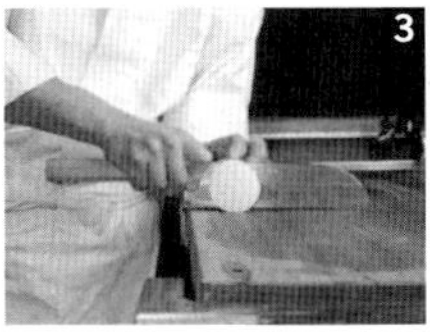

刃渡りを大きく使い、刃元近くまで切り進める。

切り落とす。

押し引き切り

1回の押し切りで切り落とせない大きなもの、長いものを切る方法。根菜を縦長に切ったり、ダイコンの漬物を縦半分に切る時などに使う。

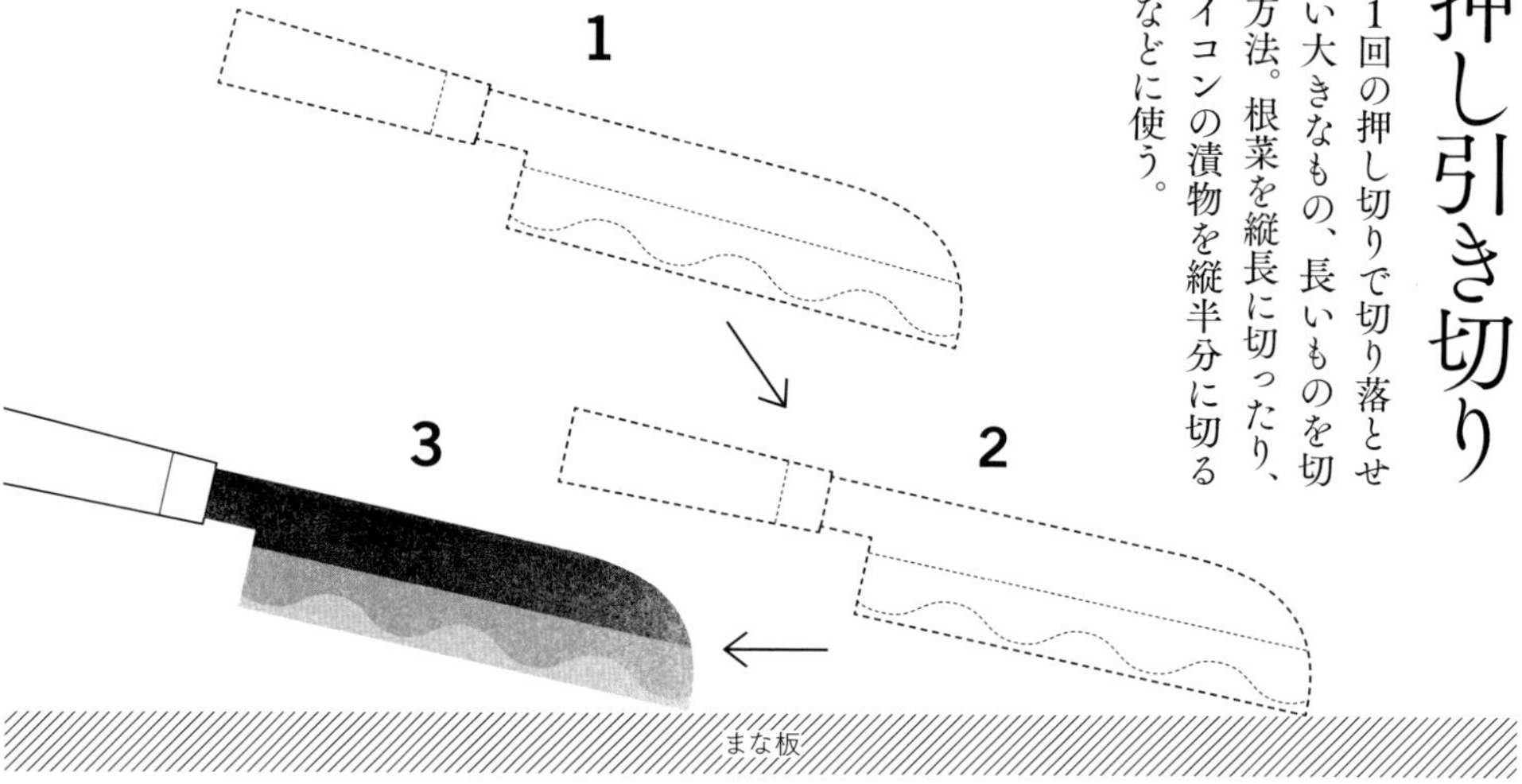

(例) ダイコンの薄切り

材料を左手で押さえ、真ん中あたりに包丁を入れ、向こうに押すよう切り進める。

切っ先がまな板についたら、ここから引き切りに入る。

手前に真っ直ぐに引き戻す。

切り離す。

引き切り

薄いものを真っ直ぐに切る場合、柔らかくて潰れそうなものを切る場合などに用いる。

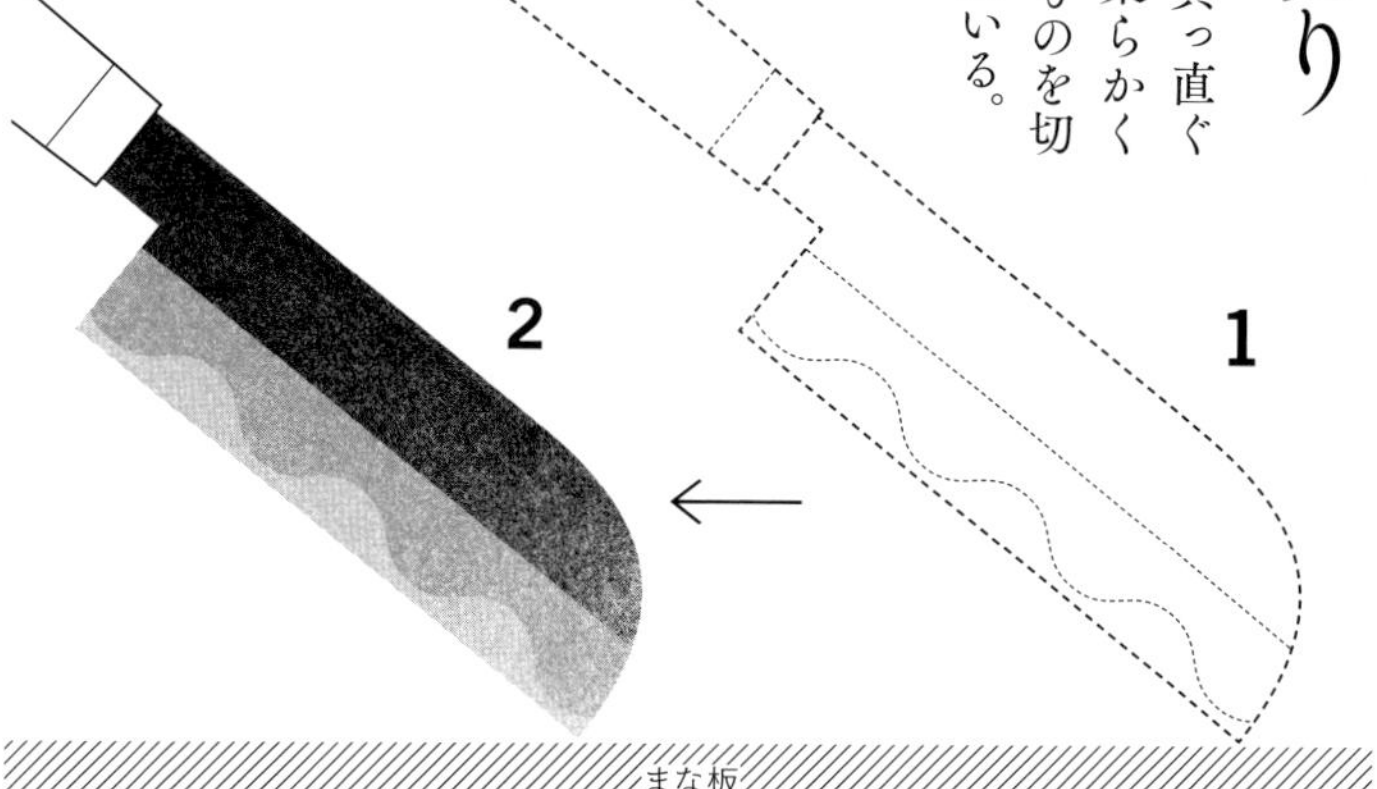

(例) 青紫蘇の引き切り

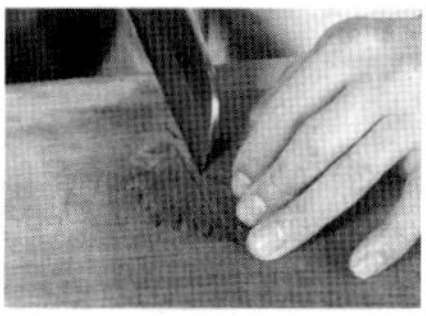

切っ先をまな板に斜めに立てて、向こうから手前に線を引くように切る方法。この場合は人差し指を包丁の峰にのせる型のほうが安定する。

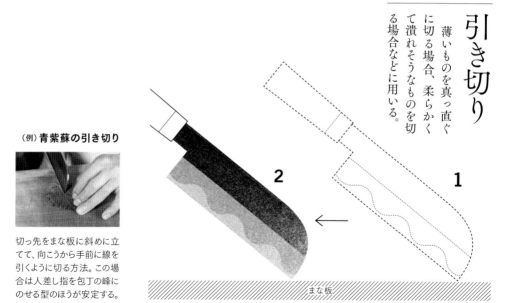

へぎ切り

材料をごく薄く切る方法で、材料を立てて押し切りができない場合に使う。また切り始めに材料の平面を水平にする時に用いる。

「へぐ」と「そぐ」の定義は確定していないが、ここでは便宜的に左方向に包丁を動かす切り方を「へぎ切り」、右方向に包丁を動かす切り方を「そぎ切り」とした。

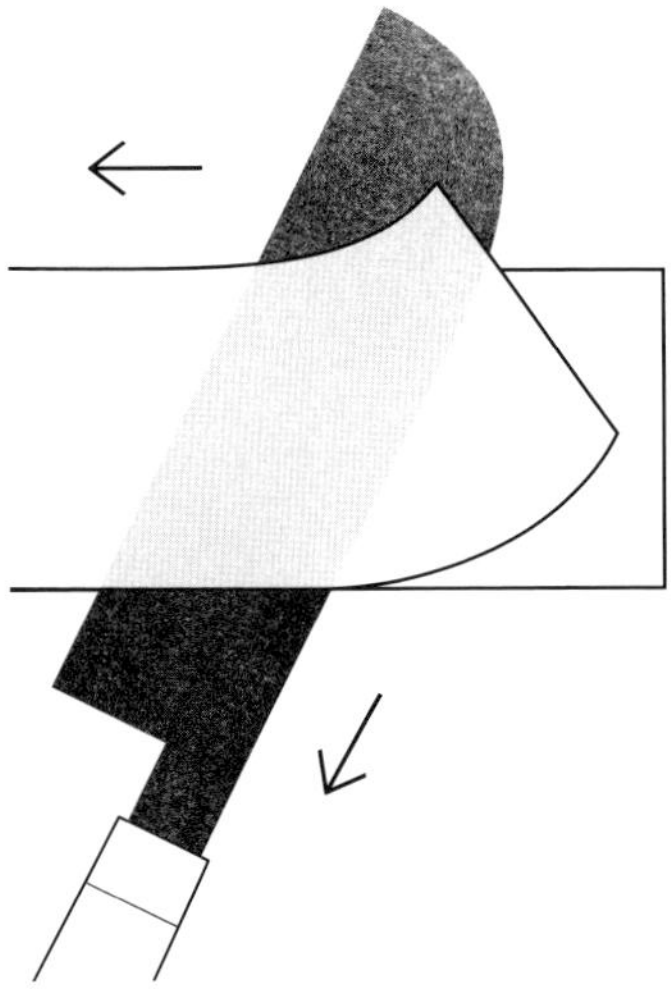

（例）ワサビのへぎ切り

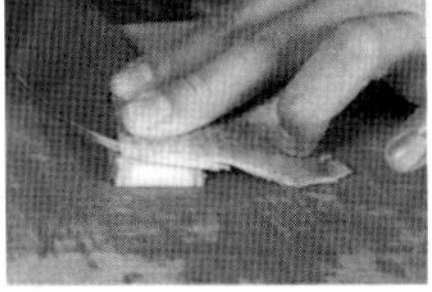

材料を人差し指と中指で押さえる。材料が小さい場合は、左手を大きく広げて親指で押さえるとよい。1枚切るごとに親指の力を人差し指の方向に移動させると、写真のように少しずつずらすことができる。包丁は右に寝かせて材料に押しつけ、手前に引いて切り離す。「押さえる形」で包丁を握ると方向が決めやすい。

材料を横長に置き、左手で押さえる。包丁を右に寝かせ、刃の中央を右側の断面に切り入れる。

包丁を左手方面に手前に引きながら切り進め、切っ先に近い部分で切り落とす。

そぎ切り

包丁の刃先を右に向けて、右へ薄く切る方法。野菜では笹がき以外にはあまり使うことがない。

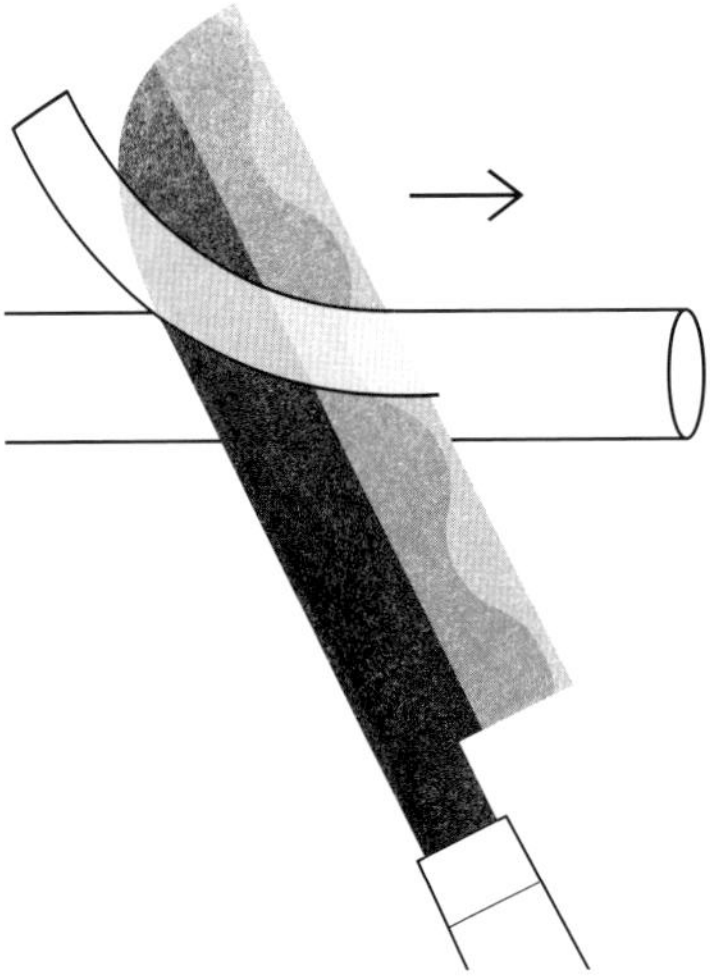

（例）ゴボウの笹がき

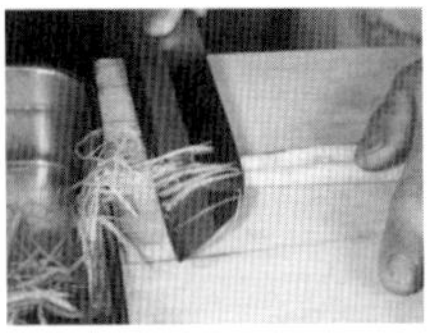

材料をまな板に横長に平行に置き、左手で材料を前後にコロコロと回す。右手の包丁を寝かせ、鉛筆を削るように右方向に動かして、笹の葉形に薄く切る。

叩き切り（刃叩き）

包丁の柄を握り、まな板を叩くように切る。出刃包丁を使うことが多い。

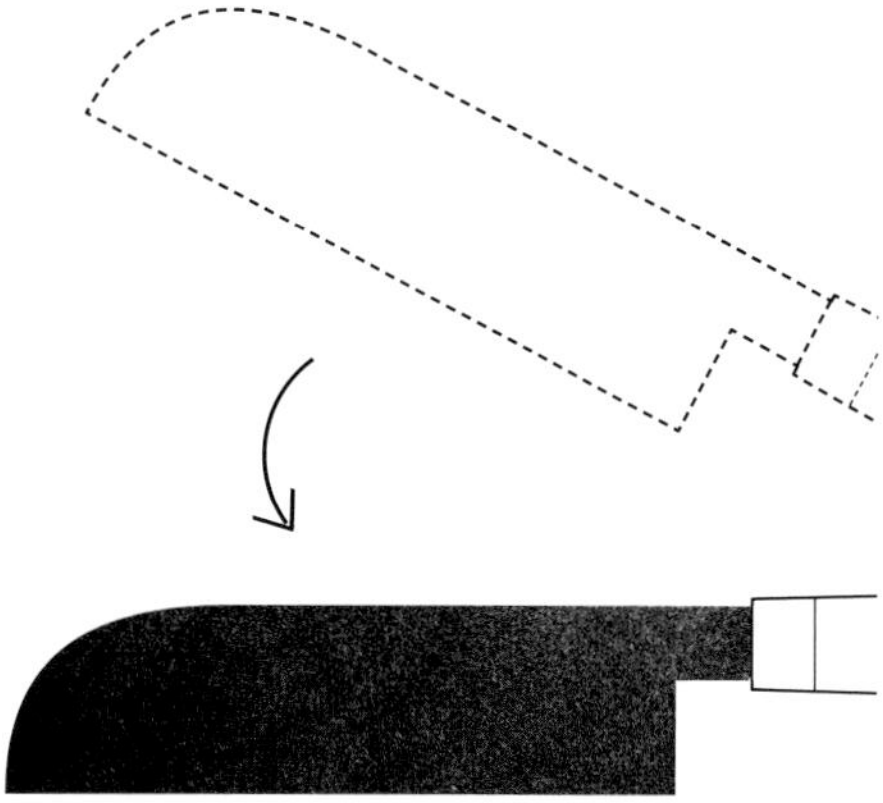

（例）**ワラビの刃叩き**

包丁の重みを利用しながら上から真っ直ぐに刃を落として切る。

むく

材料を薄くむき取る包丁使い。右へ回転させる左手の動きに右手の包丁を連動させて、上下、左右に動かしながら左へ切り進む。大きく分けると、皮むき、桂むき、ねじむきがある。

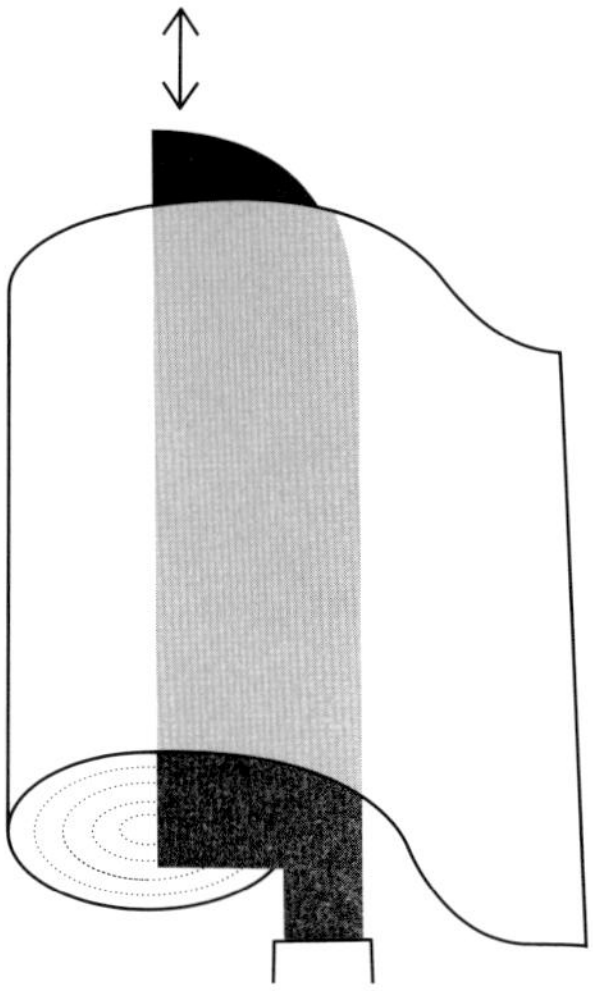

（例）**ダイコンの桂むき**

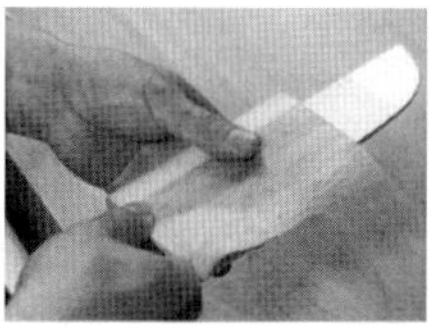

ダイコンに代表される薄く長くむいていく包丁使い （→18頁）。

（例）**イモの皮むき**

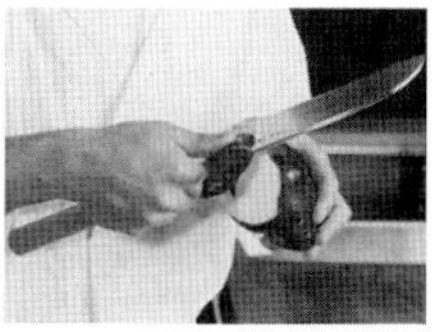

材料を左手に持ち、右手の親指を包丁の平にあて、人差し指で材料と包丁があたる角度を調整する。

（例）**ウドのねじむき**

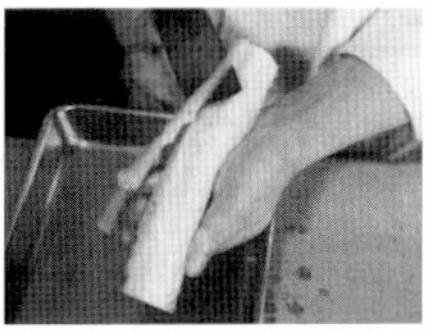

材料を上に向けて持ち、左にひねりながら包丁を上から下へ動かし、細い幅に切る。少し回転するので、切り痕は斜めに曲線を描く。長いものを繊維に沿って縦に薄くむく時に使う。

基本の切り方

桂むき

ダイコンやニンジン、ウドなどの円筒形の素材を、透けて見えるほど薄く、均一にむいていくことを桂むきという。包丁技術の基本で、おもに刺身のけんに使われる。

包丁を上下に動かし、両手が一体となってバランスを取りながら切り進めるが、決して包丁を横に動かして切ってはいけない。

ダイコンは常に同じ太さに保つことが大事。上下の太さが変わってきたら、太いほうに力を入れて持つと均等に戻すことができる。そしてできるだけダイコンを無駄にしないように、ギリギリまでむくことだ。

5枚重ねても新聞の文字が読めるくらい、薄く均一にむけるようにする。

桂むき

同じ太さで10～15㎝に切る。長いほどむずかしいので、初心者は5～6㎝から。

横から見て、高さを一定にし、切り口が平面になるように、薄くへいで揃える。

スジになったネット状のかたい部分までをむき取る。この内側を桂むきにする。

粗く一皮むき取る。

上から下まで均一な太さの筒形にする。ここから桂むきをスタートする。

左手でダイコンをやや起こして構え、真ん中に親指を置く。刃をダイコンに真っ直ぐにあてて、左親指で軽く押さえる。
右親指を刃元の刃先に置き、人差し指で刃の角度を維持する。

右手の残り3本の指で包丁を上下に動かす。同時に左手でダイコンを右に回す。

加減しながら左親指で少しずつ右に回転させる。1回の上下運動で2～3㎜切り進める。

途切れないのが理想だが、厚さが変化したら一旦切って再スタート。ギリギリまでむく。

むき終えたら、軽く巻いて水に浸けておく。

けん

刺身に添える「けん」は桂むきを利用して作る。けんには縦けんと横けんがあり、縦けんは繊維に沿って切ったもので、シャリッとした触感があり、盛りつけるとピンと立つ。横けんは繊維を垂直に切って作り、ふわっとした柔らかいけんになる。

いずれの場合も切り終わったらすぐに水に浸けておく。

紅白けん

ダイコンとニンジンのけんを混ぜて紅白に盛り、祝いの席などに使う。割合を変えることでずいぶん印象が違う。下が同じ割合で混ぜたもの。上はニンジンを3分の1程度にしたもの。ニンジンを少なめにすると自然で品がよい。

縦けん

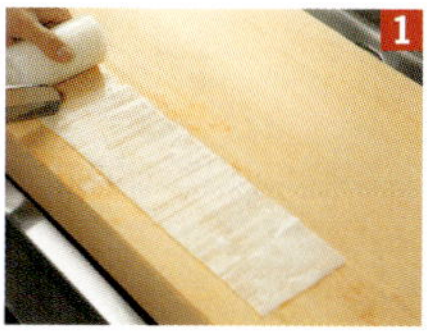

1 桂むきしたダイコンをまな板に横に置き、適当な長さに切る。

2 10枚ほど重ねて同じ長さに切る。少しずつずらしてできるだけ平らに重ねる。

3 1～2mmほどの幅で連続的に押し切りをする(せん切り)。すぐに水に浸ける。

横けん

1 桂むきしたダイコンを5～8cmに切る。数枚重ねて繊維が横に通るように置く。

2 繊維を断ち切るようにせん切りにする。すぐに水に浸ける。

3 左手でけんを取り、水気を軽くきってまとめ、右手のまな箸で形を整える。

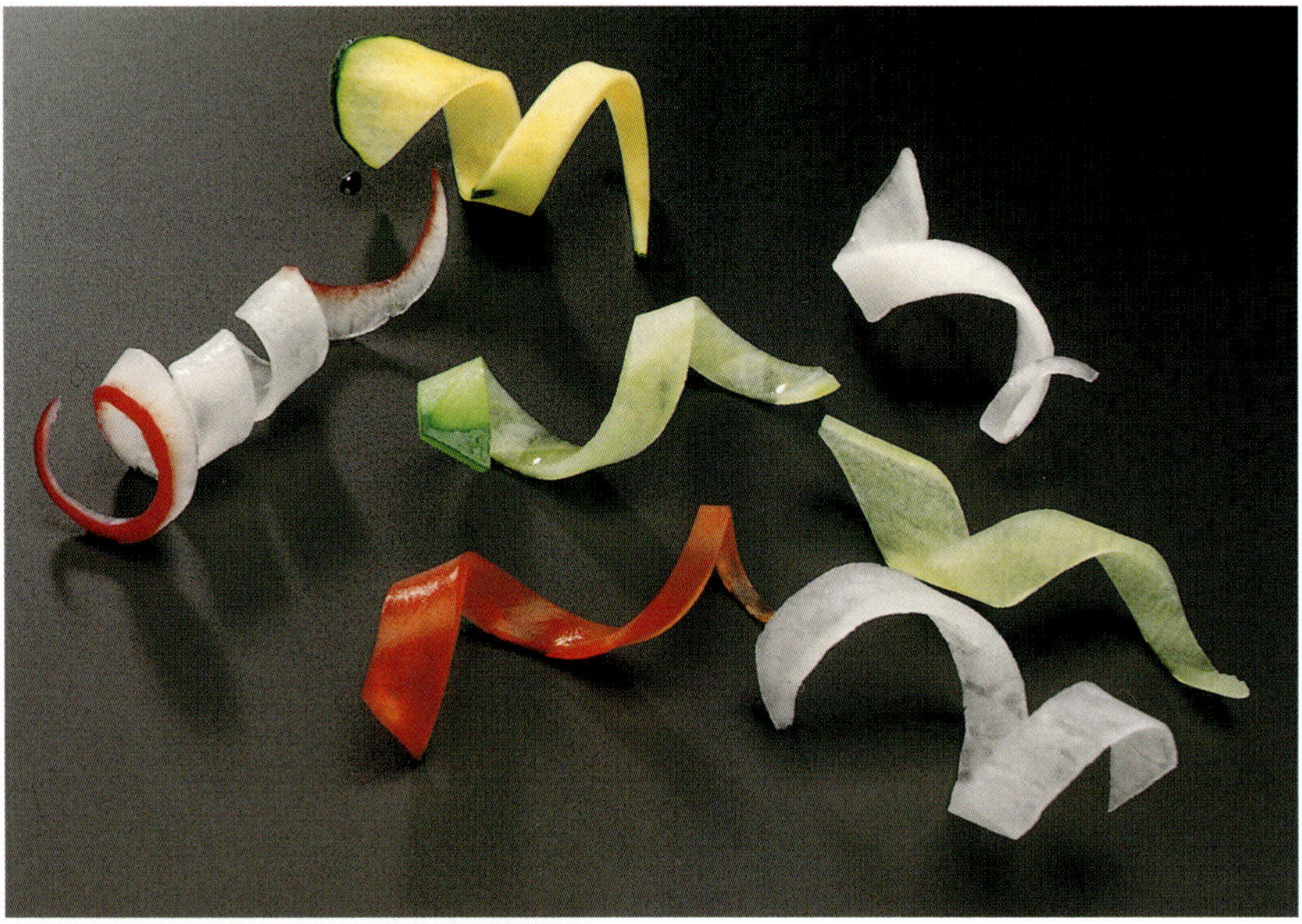

（写真上）ダイコン、ニンジン、キュウリ、カボチャ、二十日ダイコンで作ったよりけん
（写真下）ダイコンとニンジンを重ねて楊子に巻いて作った紅白よりけん

よりけん

やや厚めに桂むきにしたダイコンを斜めに切って水に浸け、繊維を伸縮させて、らせん状にしたもの。

形が面白いことから刺身のつまや椀物のあしらいに使われる。ダイコンとニンジンを重ねて紅白で使うこともある。

キュウリ、カボチャ、ウド、二十日ダイコンでも作ることができる。

よりけん

1 桂むきしたダイコンをまな板に広げる。包丁の切っ先で斜めに引き切りをする。

2 均等幅で切ったり、一方を尖らせたり、角度を変えると表情の異なるけんとなる。

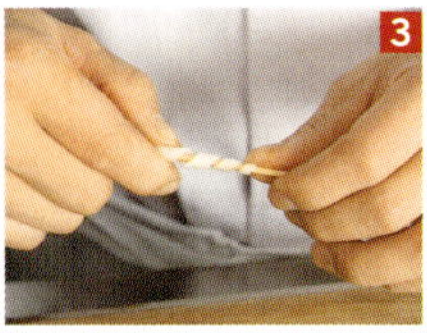

3 切ったものを楊枝に巻きつけてよりを強める。

4 水に浸けるとらせん状になる。

網けん

刺身の姿盛りに漁場の網に見立てて飾られる「網けん」も桂むきの手法を応用して作る。ダイコンを利用することが多い。

後で桂むきする方法

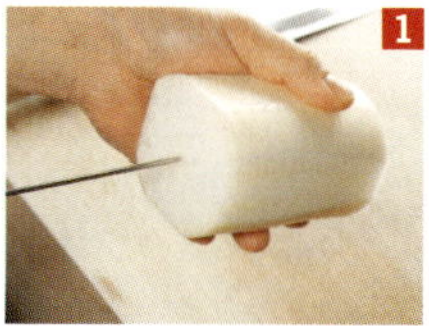

長さ15cmに切り、四方を落して丸みのある四角柱とし、中心に金串で穴を開ける。

金串はアクがまわりやすいので、竹串に替える。

竹串の手前の深さまで8mm幅で真っ直に切り、端まで切り目を入れる。

裏側にも同じ位置に竹串の手前まで真っ直ぐに切り目を入れる。他の2面にはそれぞれ先に入れた切り目の間に切り目を入れる。

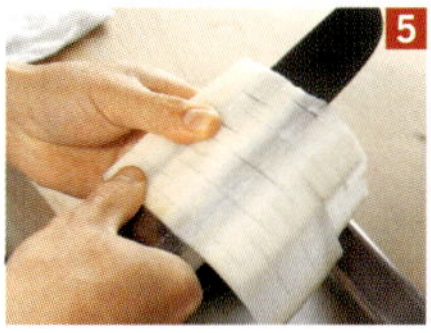

やや厚めの桂むきにする。

むいた端から薄い塩水に浸ける。紙蓋をしてしばらくおくとしんなりして網目が広がる。

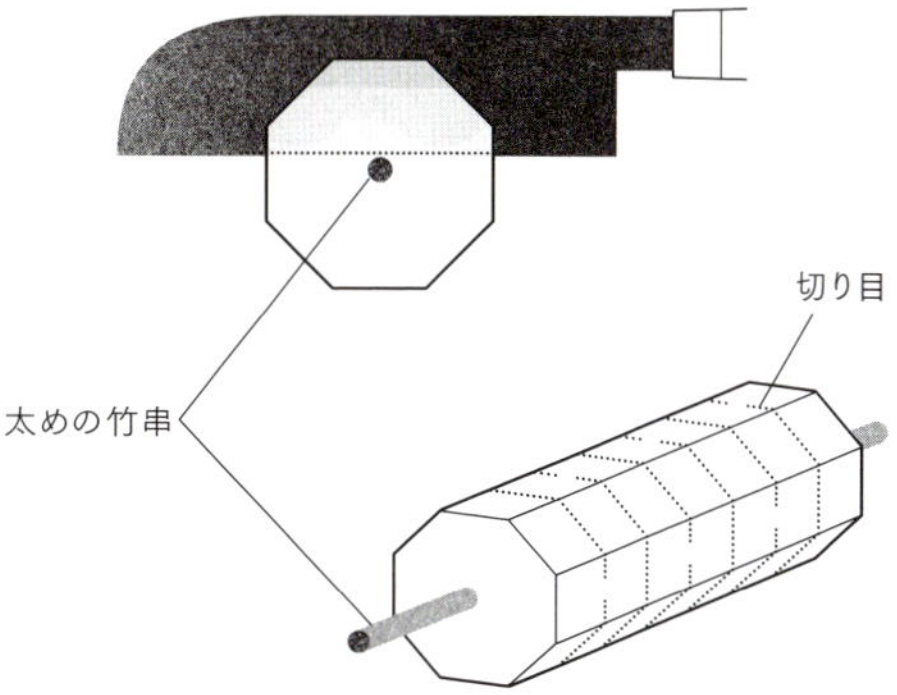

桂むきしてから作る方法

幅5cmに桂むきして水に浸けておいたダイコンを巻き取る。

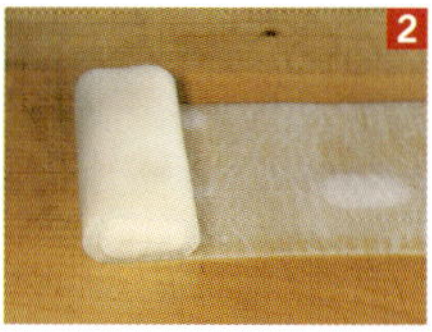

枕状に巻き取ったダイコン。

横向きに置き、包丁の切っ先でダイコンの真ん中まで8cm幅で切り目を入れる。

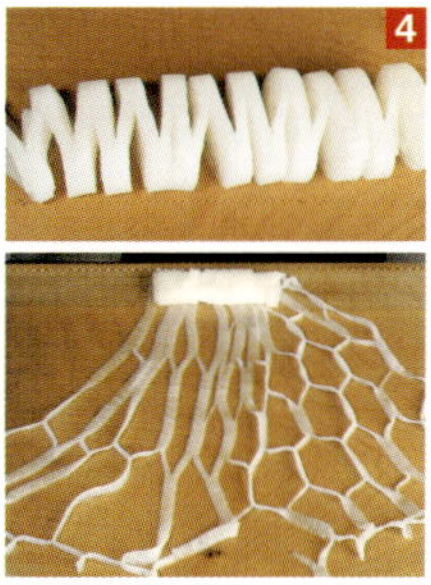

裏返して反対側からも切り目を入れる。切り込む深さや幅で網の形に変化がつく。

唐草大根

ダイコンの茎を唐草に見立てて切る。包丁の入れ方によっていろいろな形ができ、刺身の妻や椀物の添えに使う。

唐草大根

ダイコンの葉を用意する。

まな板に置いて、先を切り落とし、包丁の切っ先で葉を切り離す。

葉がついていた茎の内側（平らな面）を薄くそいで、葉のつけ根を平らにする。

茎の外側（曲面）に3分の2の深さに斜めに切り目を入れていく。

切っ先で縦に2～3等分にへぐ。完成形に応じて長さを変える。

また切っ先で3分の2の深さまで真っ直ぐに細かく包丁目を入れる方法もある。

茎の太さによって、2～3枚にへぐ。

いずれの場合もすぐに水に浸ける。しばらくすると水を含んで輪になる。

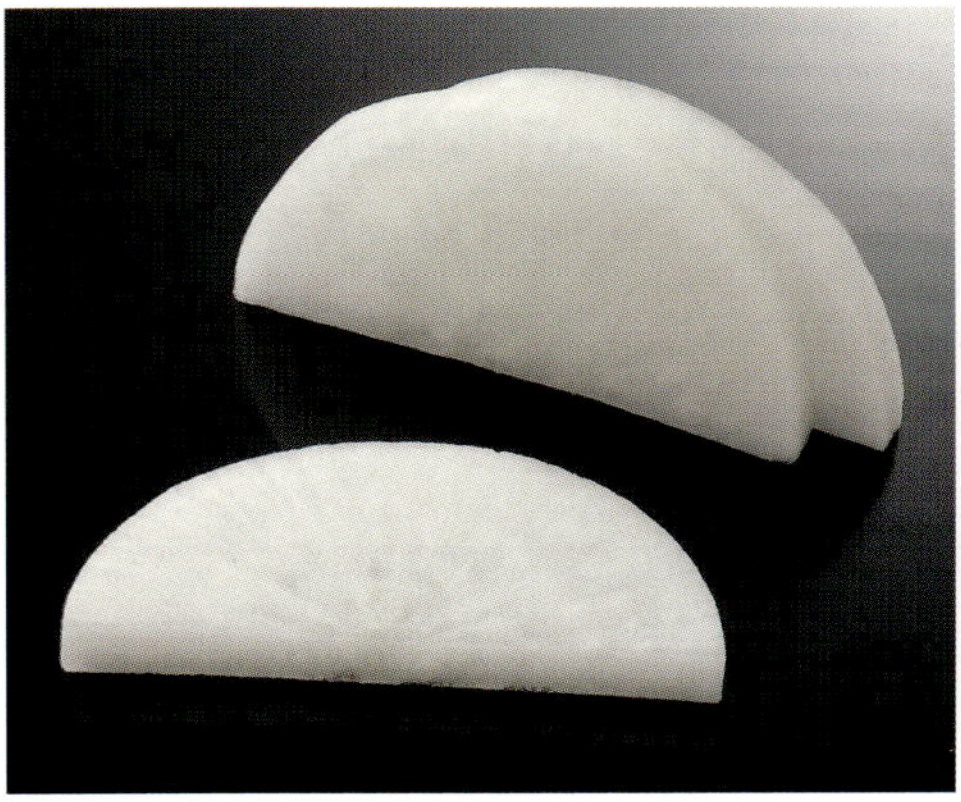

丸・輪切り

切り口が円になっている形。円筒形や球を切ったものをいう。厚さはさまざまで、おもに煮物に使う。「陰」とも呼ばれている。

半月

丸を半分に切って作る。早く大量に必要な場合には、まず半円柱を作ってから必要な厚さに切っていく。

根菜類の煮物や汁のあしらい、漬物に使う。月のイメージから、秋を表現するのにも使われる。

丸・輪切り

1 10～15cmの長さに切り、ネット状の繊維の内側に包丁を入れて皮を厚くむく。

2 桂むき(→18頁)の要領で、断面が美しい円形になるように形を整えつつ薄くむく。

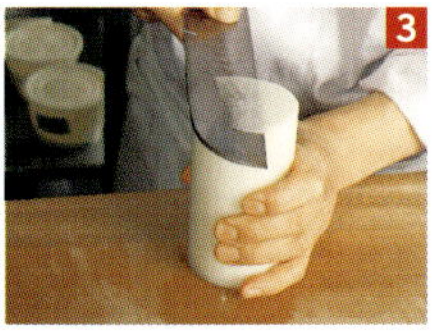

3 立てて置き、横から見て高い部分をへいで水平にし、断面をなめらかにする。

4 横に置き、切っ先から刃元まで使って真っ直ぐに押し切りにする。

半月

1 丸を半分に切る。レンコンのように割れやすい素材は、こうして1枚ずつ切る。

1 ダイコンなどは輪切り3の後、縦半分に押し引き切りにし、半円柱を作る。

2 切り口を下にして置き、小口から必要な厚さに押し切りにする。

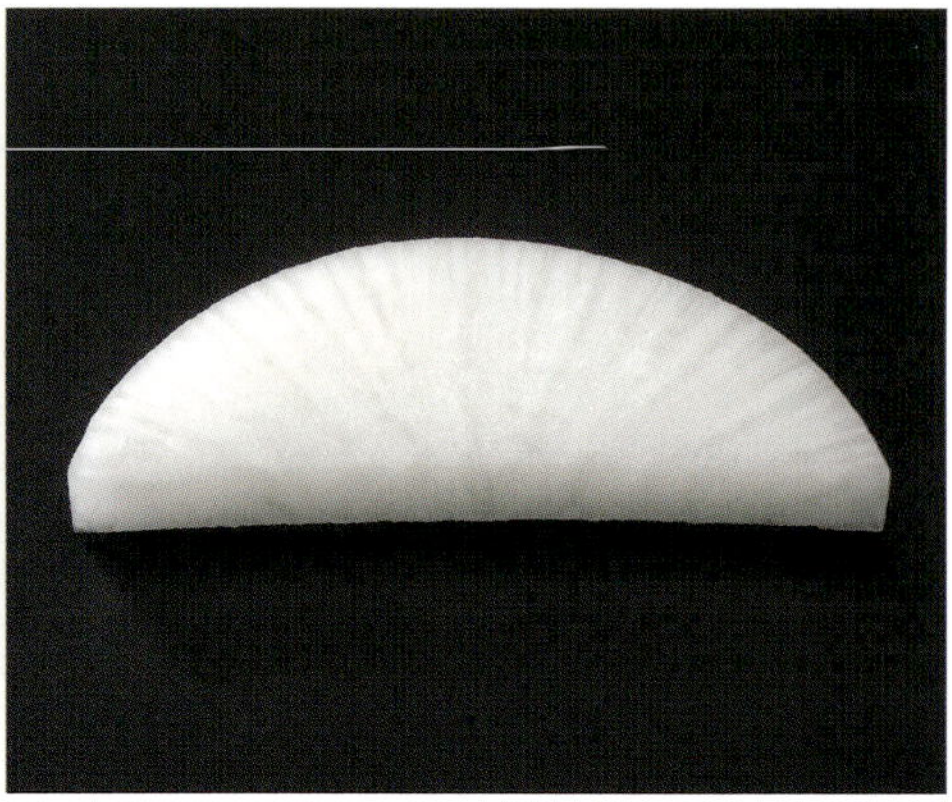

利久

丸の縁を浅目に切り落としたもの。汁物のあしらいなどに使う。茶人の利休が好んだ形と伝えられている。

角柱

材料を直方体に切ったものから厚さと幅が同じになるように（断面が正方形）、細長い棒状に切る。煮物や揚物、酢の物に使う。

利久

丸の縁を切り落とす。

半径の3分の1程度の幅が目安。

角柱

大きなものを作る場合は、包丁の刃渡り全体を使って押し引き切りする。

断面が正方形になるように見当をつけて、押し引き切りにする。

いちょう

半月をさらに半分に切ったもの。早く大量に作るには、円柱を十文字に切り、小口から必要な厚さに切っていく。

煮物や汁のあしらい、漬物などに使う。

地紙、櫛

半月（半円）の両端を肩のように斜めに切り落とした形。扇子や傘に貼る紙の形に見立てて地紙と呼び、縁起のよい形とされている。

櫛は半月の両端を真っ直ぐに切り落とした形。

いちょう

1

丸（輪切り）を十文字に切る。

1

効率よく作る場合、半月のプロセス2の半円柱を縦半分に押し切りにする。

2

切り口を下にして置き、小口から必要な厚さに切る。

地紙、櫛

1

半月の両端を扇のように斜めに切り落とす。

1

効率よく作る場合、半円柱（半月2）を作り、両端を斜めに切り落とす。

2

断面が地紙の柱を作る。

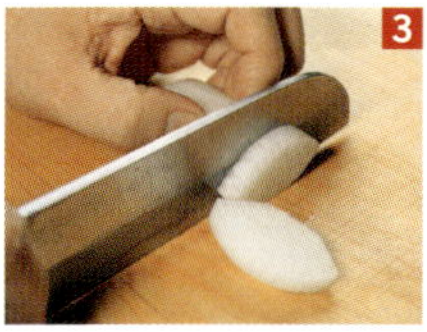

3

小口から必要な厚さに切る。

角・四角

断面が正方形になるように形どった直方体。煮物などに使う。前頁の丸の「陰」に対して、角の「陽」と呼び、この2つが切り型の基本となっている。輪切りにしたものを四角に切る方法と、立方体から取っていく方法がある。

六角形・亀甲

六角形は亀の甲羅に見立てて亀甲と呼ぶ。丸を作り、その円周を六等分して、縁を切り落とす。

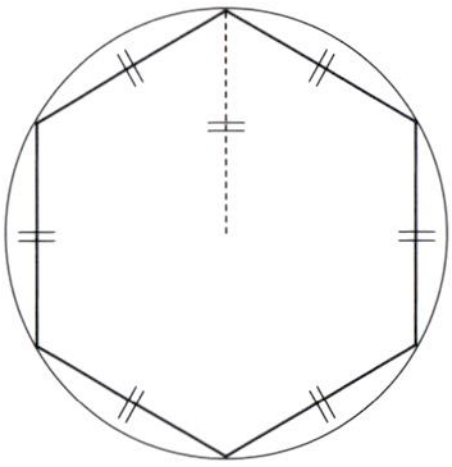

角・四角

1 ダイコンを適当な長さに切り、断面が正方形になるように切り取る。

2 円周を4等分してその隣り合わせた点と点を結ぶように切っていく。

3 断面が正四角形になるように形を修正する。

4 1〜2㎝ほどの厚さに切る。

六角形・亀甲

1 丸の直径に印をつけ、半円周を三等分して、その1つを切り落とす。反対側も同様に切る。

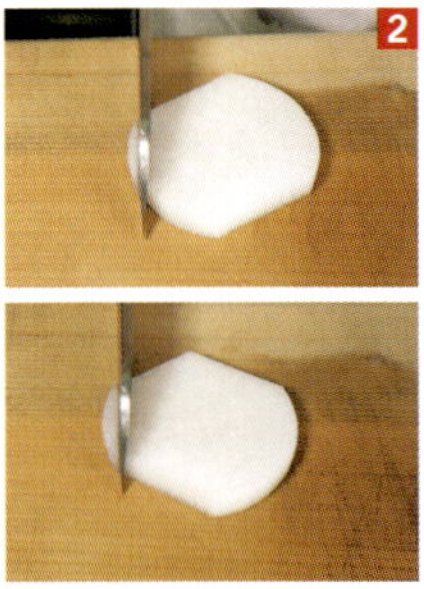

2 残っている円周の真ん中に印をつけて両端を切り落とす。

3 反対側も同様に切り落とす。常に相対する側と平行になるように見当をつける。

五角形

丸を作り、その円周を半径の長さを見当にして5回切り落として、およその五角形を作る。正確な五角形にするには、半径と同じ幅の紙で千代結びを作り、真ん中にできた五角形を切り型にするとよい。

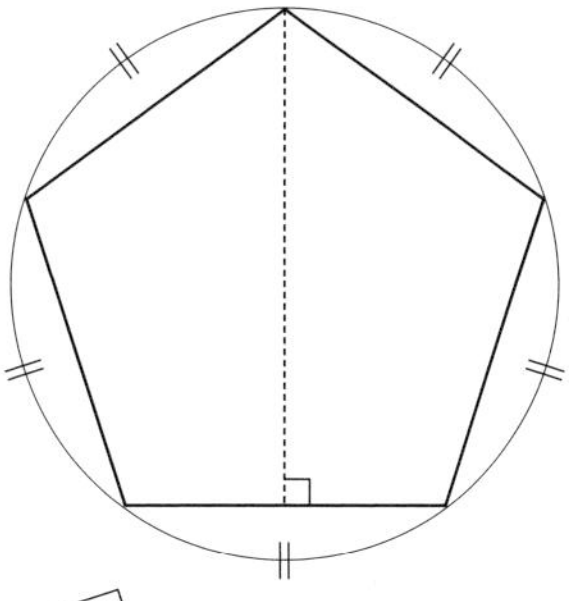

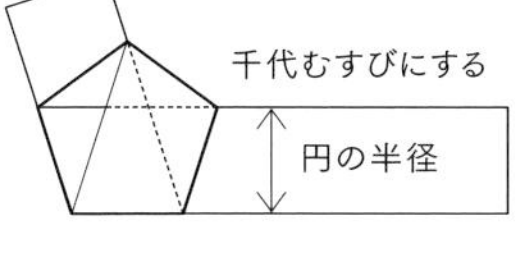

八角形

輪切りにしたものから正方形を作る。この4つの角を同じ長さになるように切り落とす。

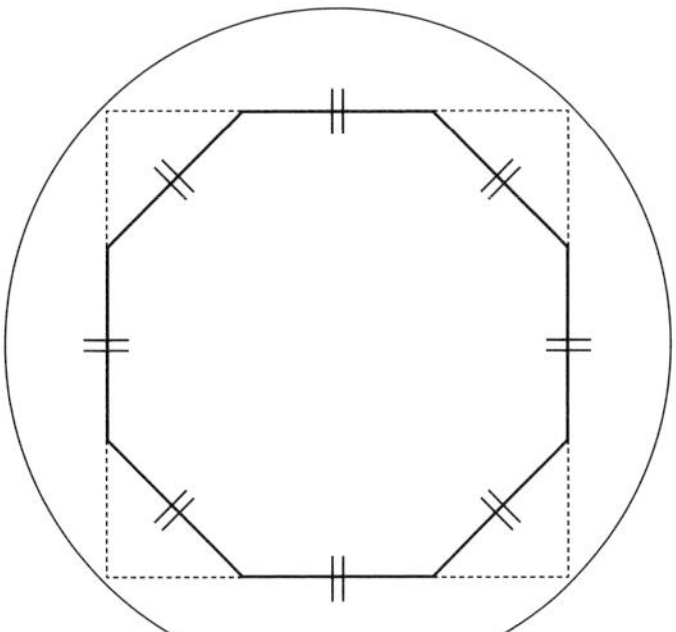

色紙

素材を色紙のイメージで薄く正方形に切ったもの。

椀物の添えなどに使う。たとえばダイコンとニンジンの色紙切りを重ねてお祝いの椀などに使う。

小さめの四角形に切り整え、1～2㎜ほどにへぎ取る。あるいは四角柱を薄く切る。

うろこ

色紙を対角線で切ってできた二等辺三角形のものをいう。魚のウロコに見立てている。

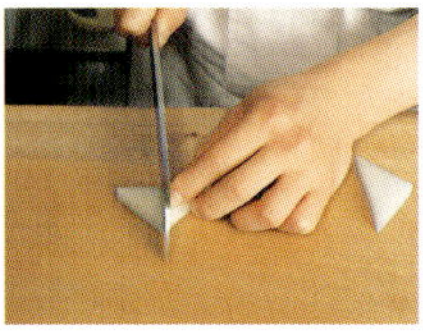

色紙を半分に切った二等辺三角形の頂点から垂直に切るとさらに小さな二等辺三角形ができる。

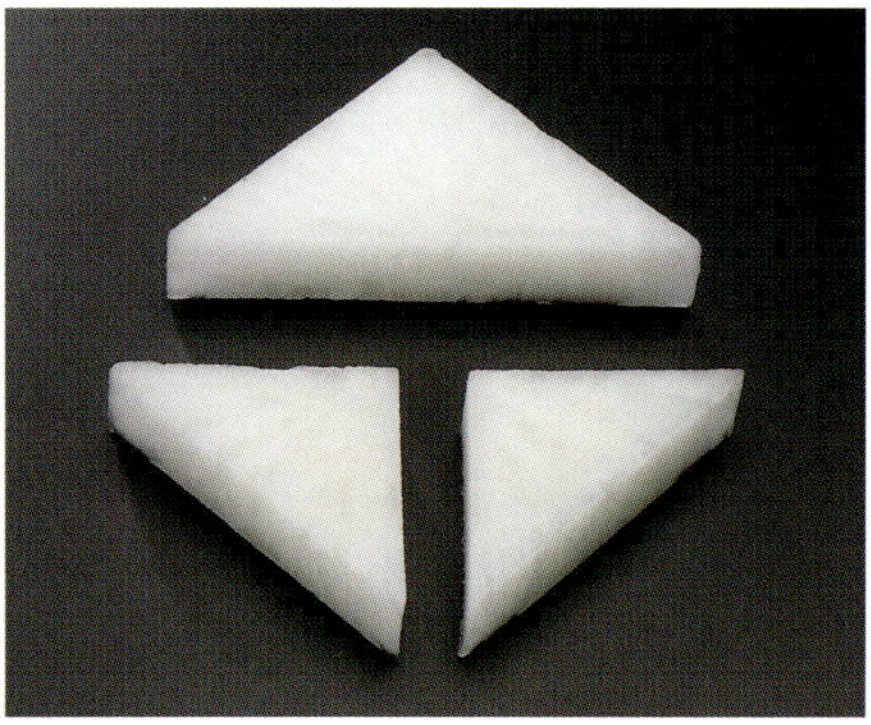

面取り

カボチャやイモ類のように、柔らかなものを長時間煮る場合、包丁で切った角から煮くずれることがある。

それを防ぐために角を切り取り、鈍角にしておく。これを「面取り」という。面取りをすることで、素材の表情に柔らかみが出るので、それを目的にする場合もある。

面取りした「丸」

面取りした「角」

切った角に包丁をあて、角に直角に刃を進めて切り取る。

小爪

頂点が「うろこ」よりも鋭角の二等辺三角形の切り方をいう。爪の形になぞらえている。

椀物のあしらいや酢の物などに使う。

薄い直方体や色紙から左右交互に包丁を斜め方向にして切る。

ばち

三味線を弾く「ばち」の形に見立てたもの。色紙や薄い直方体から切り取る。
煮物や鍋物のあしらいに使う。

細長い台形で、平行な上底と下底の長さがほぼ2対1になるように切り取る。

菱形

4辺が同じ長さで、対角が同じ大きさの四角形に切り取ったもの。
煮物や椀物の添えに、雛祭りの菱餅に見立てる場合に重宝する。

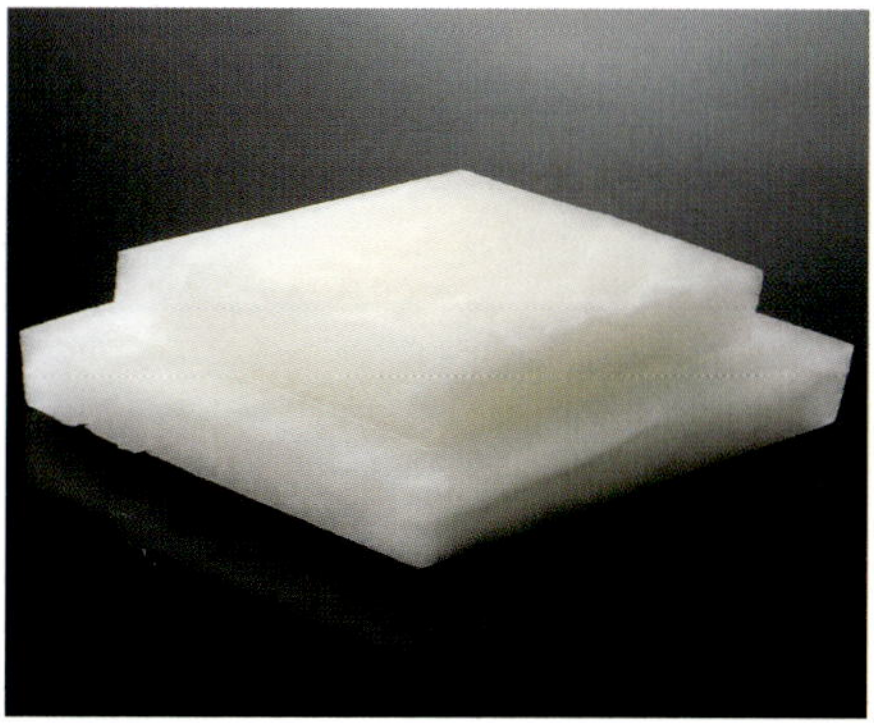

薄い直方体から切り取る。包丁を平行に移動させ、4辺が同じ長さになるように斜めに切る。

短冊

七夕に飾る短冊のように薄い長方形に切ったもの。野菜の繊維の流れに沿ったものと繊維を断ち切るものがある。

また用途により厚さを変える。

椀物、酢の物、和え物などに使う。

厚めの直方体を小口から1～3mm程度の厚さに切る。

拍子木

拍子木のように四角柱に切る。

長さは5～6cm前後。断面は1辺が8～10mmほどの正方形にする。

粗せん

せん切りのやや太めのものをいい、断面は正方形。シャキシャキした歯触りが残り、ダイコンの千六本がこれにあたる。

味噌汁の実、サラダ、酢の物に。切る幅を小さくすればせん切りになる。

直方体の素材を幅3mmほどに切る。あるいはへぎ切りにする。

4～5枚を重ねて、3mmほどの幅で連続して押し切りにする。

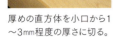

まず最初に正確な立方体を作ることが肝心。真ん中をねらって切り分けて、最後まで立方体がくずれないように切る。

賽の目、あられ、粗みじん

さいころやお菓子のあられに見立てて、縦、横、高さが同じ長さの立方体をつくる。大きいものから順に、賽の目（1cm角）、あられ（5mm角）、粗みじん（3mm角）と呼ぶ。それぞれの大きさを揃え、直角に切ることが美しく見える秘訣。ただし、粗みじんからさらに細かくみじんにきざむ場合は、立方体ではなくなる。

なお賽の目を大量に作りたい時は、1cmほどの角柱を小口から1cm幅に切っていくとよい。

賽の目、あられ、粗みじん

1 丸大根を切る場合、まず葉つきの部分を切り落とす。

2 根の部分、側面を真っ直ぐに切り落とし、立方体に近づけていく。

3 できた立方体。長ダイコンから作ることもできる(→26頁)。

4 縦、横、高さの各辺の真ん中を切る。目的の大きさになるまで同様に切っていく。

5 粗みじんの場合、立方体を厚さ3mmほどの厚さにへぎ切りにし、色紙を作る。

6 切っ先で、3mm幅に引き切りにする。90度回して直角に切り込みを入れる。

生姜のみじん切り

ショウガのみじん切りは、桂むきから作る場合と、薄くへいでから作る場合がある。後者はショウガの塊が小さな場合に便利なやり方である。

桂むきから作る方法

1 ショウガの塊を1つずつ切り離す。

2 長いほうの天と地を薄く切り落とす。

3 皮をむく。

4 桂むきにする(→18頁)。

5 桂むきにしたものを7〜8枚重ねる。

6 ごく細いせん切りにする。これを針打ちといい、造り、椀物、煮物のあしらいに。

へいでから作る方法

1 皮をむいて天地を平行に切り揃え、1mm程度の厚さに連続的にへぐ。

2 へいだものを少しずつずらして置く。

3 端からごく細いせん切りにする。以降は桂むきから作る方法と同じ。

7 せん切りをまな板に平行に置く。

8 端から細かく押し切りにするとみじん切りになる。これを水に浸ける。

タマネギのみじん切り

タマネギは鱗茎が重なって玉状になっているため、その状態を利用してみじん切りにする。
タマネギのみじん切りは、日本料理では使う場面が少ないが、日常的には非常に利用価値が広いので、習熟しておく必要がある。

タマネギのみじん切り

葉側を少し切る。鱗茎がバラけないように根のほうは最後まで切り落とさない。

皮をむく。

包丁を縦に入れて半分に切る。

切り口を下に、根を左に向けて置く。包丁を上下に動かして5㎜間隔に切る。

90度回転させ、天を手前に置く。切っ先で端から5㎜間隔で切り込む。

再び根を左に向けて置き、端から連続的に押し切りでみじんに切る。

切り残した部分の根を上に、断面を左に向け、切っ先で5㎜間隔で切り込む。

端から連続的にみじん切りにする。

飾り切り図鑑

野菜のむきものや飾り切りは、
料理にいろどりを添え、
季節感を表現する大切なもの。
ここでは本書で紹介する
野菜の飾り切りを一覧にした。

錨防風 →103頁

唐草大根 →22頁

網けん →21頁

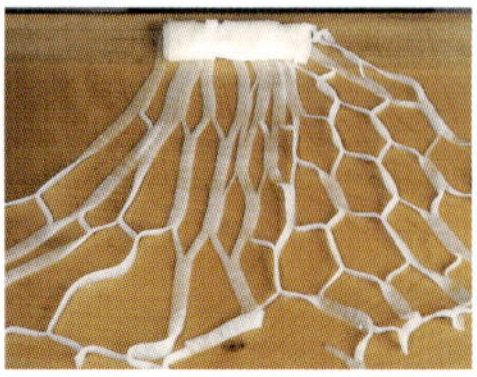

花南瓜 →82頁

木の葉南瓜 →80頁

あやめ独活 →50頁

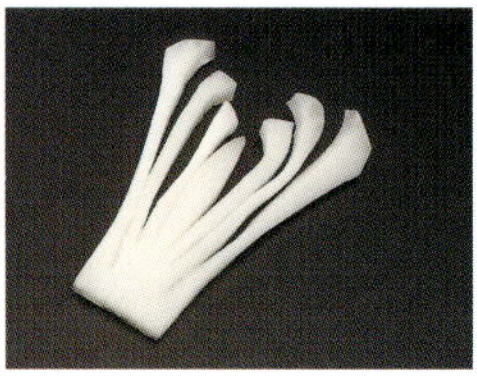

切り違い（胡瓜）→87頁

蛇腹胡瓜 →87頁

水玉胡瓜 →86頁

松笠銀杏 →129頁

末広茗荷 →107頁

まとい茗荷 →106頁

松（胡瓜）→87頁

雪輪蓮根 →125頁

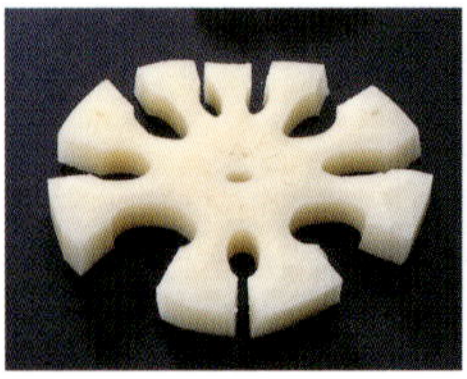

矢車蓮根 →125頁

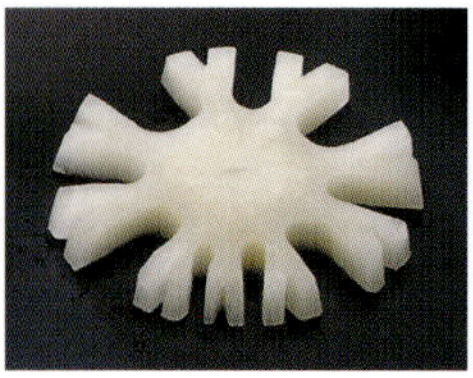

矢羽根蓮根 →126頁

花蓮根 →125頁

鶴の子（海老芋）→139頁

牡丹百合根→148頁

花びら百合根→148頁

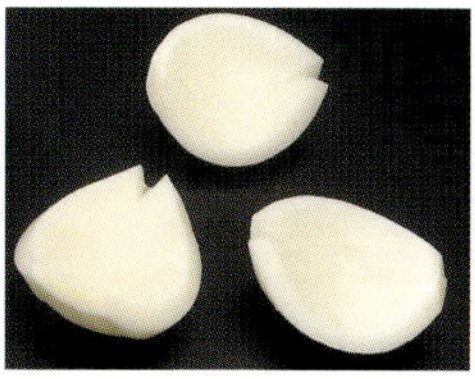

蛇籠蓮根→125頁

松笠慈姑→152頁

六方慈姑→152頁

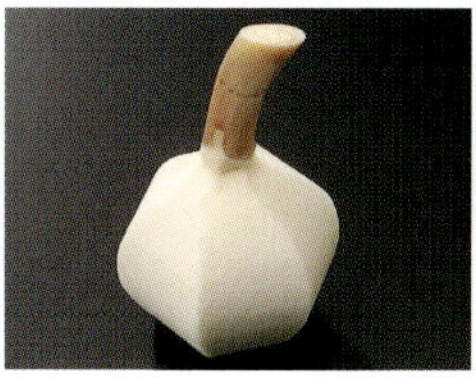

菊花蕪→142頁、143頁

紅白千代結び→156頁

小づち慈姑→154頁

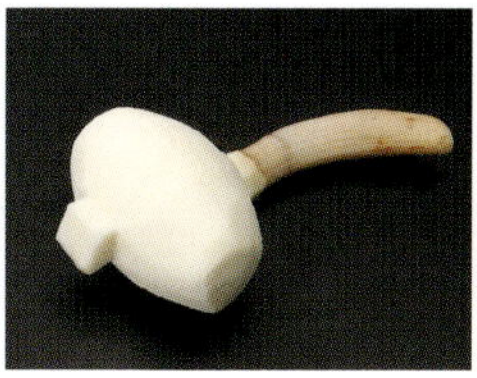

鈴慈姑→154頁

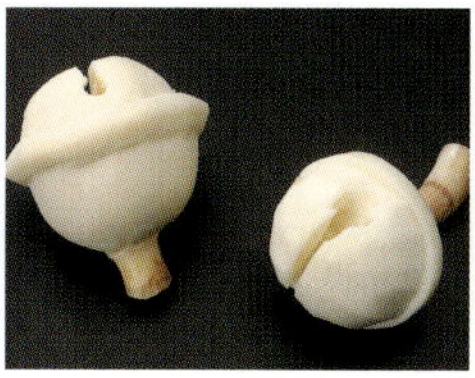

絵馬慈姑→152頁

手綱→157頁

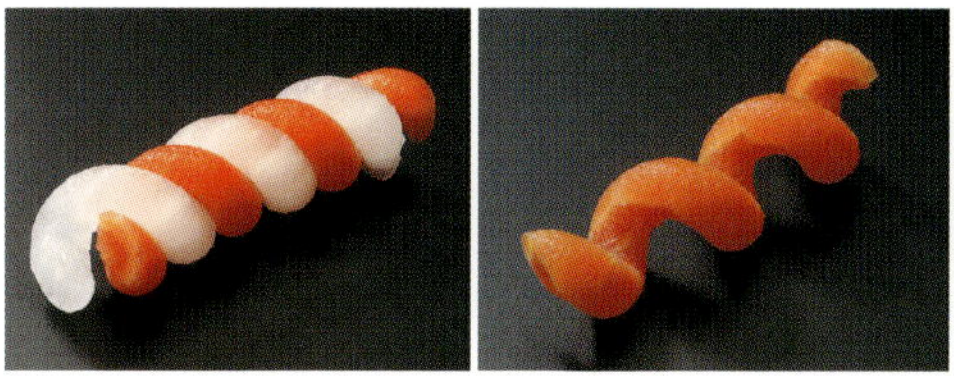

紅白相生結び→157頁

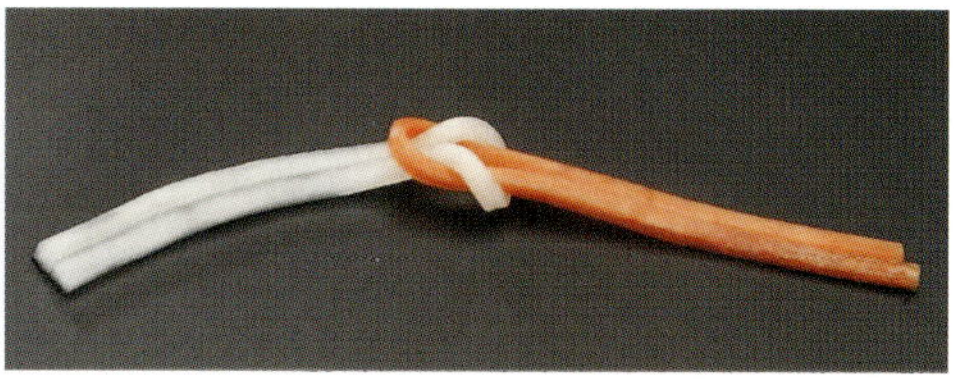

抜き扇面（柚子）→175頁

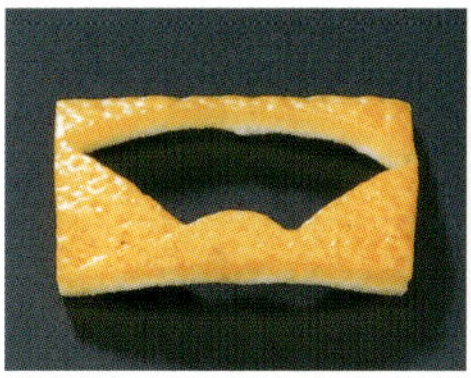

白扇（長芋）→164頁

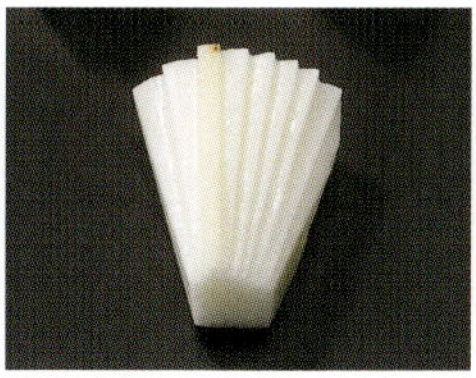

ねじり梅（人参）→156頁

梅人参→156頁

松葉（柚子）→175頁

紅葉（柚子）→175頁

梅（柚子）→175頁

扇面（柚子）→175頁

変わり折れ松葉（柚子）→175頁

短冊（柚子）→175頁

ばち（柚子）→175頁

へぎ（柚子）→175頁

一文字（柚子）→175頁

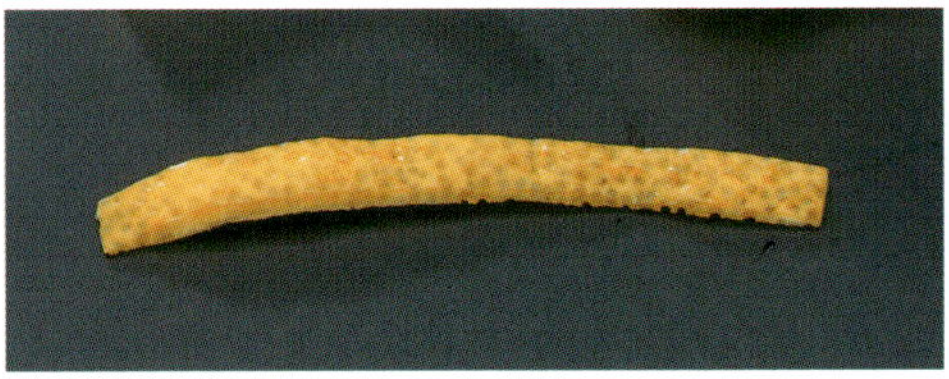

糸（柚子）→174頁

折れ松葉（柚子）→175頁

すだち釜→85頁

すだち釜→85頁

すだち釜→85頁

結び（柚子）→174頁

すだち釜→85頁

すだち釜→85頁

すだち釜→85頁

野菜の基本調理

【ゆでる】

野菜は生食したり、じか炊きする以外は、ほとんどの場合ゆでる。味つけ前の仕事なので「下ゆで」ともいう。

ゆでる目的は柔らかくして食べやすくするため、アクを取るため、きれいに発色させるためである。目的に応じたゆで加減のポイントをはずさないように。

たっぷりの塩水

たっぷりの水または塩水を使う。水の量が少ないと野菜を入れてから温度が上がるのに時間がかかる。また素材がぶつかり合って形がくずれる。

水でもよいが、色をきれいに出すため、また味を逃さないために塩水が望ましい。塩を入れることで沸点が上がり、大量の水ならば材料を入れても温度変化が少ないため、高温で手早くゆでることができる。塩水は大きな鍋に塩一つかみ、立て塩（海水程度の濃度）よりもやや薄めに仕立てる。

毎回測るわけにはいかないので、この加減は経験的につかんでほしい。

緑色野菜は強火で短時間

緑色野菜の場合は、強火で塩水を沸騰させて一気にゆでる。温度を一定にし、できるだけ短時間でゆで上げるのが色を損なわないこつ。

ただし一度に湯に落とさないで、かたい部分、たとえば茎や根元から入れ、少し時間差をつけて葉の部分を落とす。

葉菜が浮き上がり、緑色がより濃く、鮮やかになった瞬間が引き上げる目安。すぐに冷水に落とす。

大きく切ってあり、ゆで上がるのに時間がかかる根菜などは、沸騰したら火を中火に落とす。強火で湯が沸き立って、野菜同士がぶつかって煮くずれしないように気をつける。ゆで加減は竹串を刺して確認する。

煮くずれしやすいイモやカボチャ、カブなどは面取りも欠かせない。

落し蓋をする

ゆでている時に浮き上がってくるのを押さえ、熱効率をよ

葉菜をゆでる

沸騰したたっぷりの湯に塩を入れる。

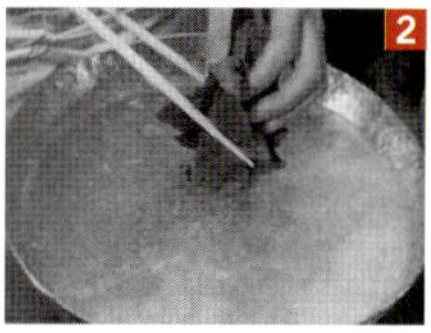

根元や茎のほうを先に入れる。

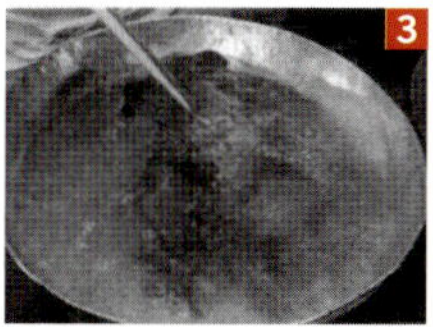

時間差をつけて葉を入れて箸で広げる。

根菜をゆでる

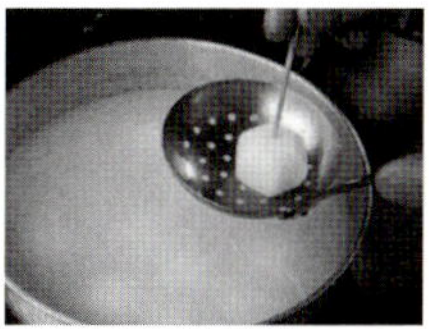

面取りをして、煮くずれない火加減でゆでる。竹串がスッと入ったらゆで上がり。

くするために落し蓋をしてゆでる。

また葉菜などバラバラになりやすい素材はあらかじめ束ねて端をしばっておく。これは後の処理をしやすく、美しく仕上げるためである。

落し蓋をする

湯が全体にいきわたるように落し蓋をする。

緑色野菜は沸騰した湯、火が通りにくいものは水から

水に入れてゆで始めるか、沸騰させた湯に入れるかは素材の状態で分ける。

緑色を出したい葉菜、小さく切ったもの、薄く切って火が通りやすいものは沸騰した湯でゆでる。

逆に大きく切った厚みのあるもの、火が通りにくいものは水からゆでて、表面から内部まで均一に火を通すほうがよい。たとえばジャガイモなどのイモ類は強火で長時間加熱すると煮くずれてしまうが、水からゆでると、ゆっくりと加熱されて表面と内部の温度差が少なく均一に柔らかくなる。

冷水に落とすか、おか上げする

色をきれいに保ちたい緑黄色野菜は、ゆで上がったらすぐ冷水に落とす。余熱で色があせるのを避け、瞬間的に冷ましたいからである。

冷水はゆでた野菜の熱で水温が上昇しないように、たっぷりの水に氷の塊を入れておく。長時間浸けておくと水っぽくなるので、冷えたら引き上げて水分をきる。

とくに色を気にしない素材は、ザルに上げる。これを「おか上げ」という。

色も大切にしたいし、水っぽくならないように気をつけたい場合は、おか上げし、うちわであおいで急冷する。

たとえば「ワケギのぬた」をつくる場合などは、下味をつけずに芥子酢味噌で和えるので、ワケギが水っぽくならないようにこの方法をとる。ソラマメやエダマメなどもおか上げし、うちわであおぐほうがよい。

氷水に落とす

葉菜の下ゆでは色をきれいに保つために氷水に落とす。冷えたら素早く水分をきる。

おか上げ

水っぽくしたくないズイキはおか上げに。ゆで上がったらバットに広げる。

【アク抜き】

アクやえぐみの強い山菜やタケノコは、灰アクや重曹、米糠、米の研ぎ汁などを入れてゆでる。

たとえば繊維がかたくアクの強いワラビ、ゼンマイ、フキなどは、灰アクか重曹を入れて加熱する。ゆで汁がアルカリ性になり、繊維が早く柔らかくなるので短時間でゆで上がり、緑色も美しく発色する。

タケノコやゴボウをゆでる時には水の2〜3割の米糠を入れるが、これはエグミの成分のシュウ酸が糠の溶けたゆで汁に溶け出し、柔らかくする効果があるからである。

※本来は灰汁とかいて「アク」と読むが、ここでは通称の「灰アク」を使う。

白くゆでる

酢は漂白効果がある。切った野菜を褐変させないように酢水に落として白く保つのもその一つ。ゆでるさいも酢を湯に加えることで、白くゆで上がる場合がある。たとえばウド、レンコン、イモなどは少量の酢を落としてゆでる。

【灰アクの作り方】

水にたっぷりの灰を入れる。灰は植物を燃やした灰がよい。炭火の灰でもよい。

泡立て器でよく溶かす。

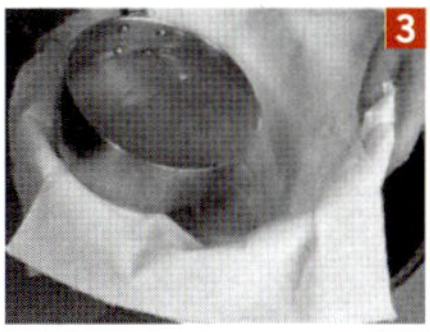

布かキッチンペーパーで漉す。

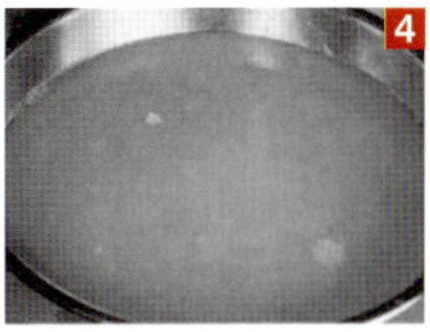

漉した水を静置して灰が沈殿するのを待ち、上澄み液を取る。この液が灰アク。

【味つけ】

下処理を終えた野菜に味をつける工程でも、素材の性質によって方法を変えなければならない。

色を大切にする方法、色よりも味を優先するためにじっくり煮含める方法、形をくずさないように味をつける方法など、必要に応じて使い分ける。

そのまま冷まし味を含ませる

色を気にしない野菜の場合は、下ゆでして柔らかくなったものをだしと調味料(塩、淡口醤油、砂糖、味醂など)で煮る。

材料に味が染みていくのは冷める過程なので、火を止めてそのままゆっくりと冷ましながら味を含ませる。これを鍋止めともいう。

イモ、カブ、ダイコンなどの根菜はこの方法が多い。

地と別に冷まして浸ける

下ゆでした野菜をだしと調味料で2～5分間ゆでる。そのままおくと熱で色がとぶので、野菜だけを引き上げる。煮汁と野菜を別々に冷まし、両者が冷めてからもう一度浸けて味を含ませる。ゆでたものをそのまま冷たい地に浸ける場合もある。

浸けている間に野菜から水分が出て煮汁が薄くなるので、野菜を引き上げて新しい地(煮汁と同配合を冷ましたもの)に浸けるほうがよい。手間はかかるが、水っぽくならないようにできる限り2度浸けをしたい。

白色を大切にする白煮

ウド、レンコン、ユリネ、カブ、長イモなど、素材自体の白さを生かして煮る方法を白煮という。一番だしをベースにし、味醂や砂糖、塩で味をつけ、醤油は淡口醤油を少量、または白醤油を使う。醤油の旨みが少ない分、それを補う意味で追ガツオをすることがある。

素朴な風味に仕上げる じか炊き

栽培野菜は一般的にアクが少ないので、下ゆでをせずに直接味をつけて炊けるものもある。田舎煮ともいい、家庭料理に通じる方法で、素材の持ち味がストレートに出て素朴なおいしさがある。

エグミの強いタケノコでも掘りたてはアクがまわっていないので、じか炊きができる。

長時間煮て味を含ませる

だしと調味料の地で野菜をコトコトと長時間煮て味を含ませる方法。

たとえばタケノコ。だし、味醂、塩を合わせて煮立ててタケノコを入れる。ある程度煮たら塩を追加する。さらにコトコトと煮て、醤油で味を調える。このように味を加えながら1時間ほどかけて煮含めていく。

形をくずさないように煮る 蒸し煮込み

直火で煮ると形くずれしやすい野菜を煮る方法。

野菜を入れたバットに煮汁をひたひたに注いで、バットごと蒸し器に入れて蒸す。温度が一定している蒸気で加熱するため、野菜が踊らず煮くずれしない。煮汁の蒸発も少ないので、煮詰まることがなく、一定の味を含ませることができる。地の蒸発を防ぎ、できるだけ間接的に熱が伝わるようにラップフィルムとアルミホイルをかぶせる。

【裏漉し】

野菜のすり流しや翡翠豆腐、筍糝薯のように火を通した野菜を裏漉し器にかけて舌触りをなめらかにしたり、つなぎを加えて蒸し固める仕事がある。

裏漉しは寝かせた宮島（木シャモジ）を左手の手のひらで押さえ、網目に素材を押し通す。網目の方向が宮島に対して十文字になるように裏漉し器を置いて行なう。

裏漉しを使用するさいの目の方向

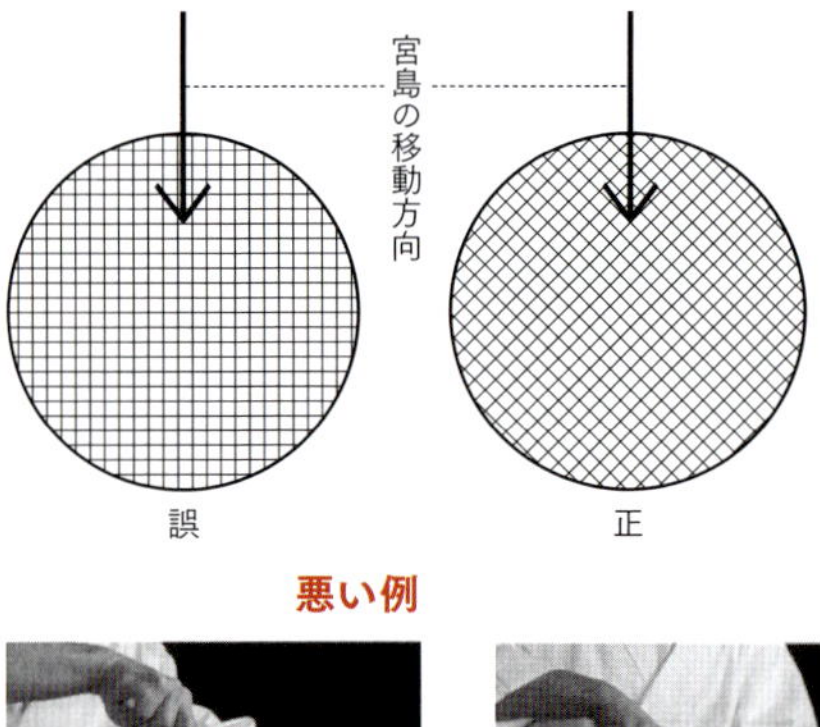

宮島を寝かせて左手で押さえる。

左手で手前の方向に押し戻す。

悪い例

悪い例。宮島の角度が立ち、無理な力がかかる。

だし・合せ調味料

【だし】

日本料理の味つけのベースは、昆布とカツオ節でとった「だし」であるが、とくに持ち味が淡白である野菜の場合は、このだしを活用することが多い。だしはとり方によって一番だしと二番だし(他に昆布だし、精進だしなど)がある。

野菜の味つけには、香りも旨みもしっかりした「一番だし」を使うことをすすめる。

一番だし

水　10リットル
昆布　80～120g
削りガツオ　150～200g

水に昆布を入れて中火でゆっくりと温め、40～50℃あたりで火を弱め、昆布がふくれてくるのを待つ。

表面が泡立ち、アクが浮いてくるので、サッと取る。沸騰する少し手前で削りガツオを入れ、表面下に沈ませ、深呼吸を3回するくらいの時間をおいて火を止める。この時はまだ沸騰していない状態。アクを引いてネルか布巾を3枚ほど重ねて漉す。絞らないこと。

吸い地用でも、とりわけ煮物椀の吸い地は、昆布だけのだしをとっておき、出す直前にカツオを入れて仕立てる。

二番だし

一番だしをとった後の昆布とカツオを鍋に入れ、新しい削りガツオを最初の1割程度足し、これらがかぶる程度の水を入れて中火でコトコト煮出す。布で漉す。

【浸け地】

ゆでた野菜を浸けて味を含ませるための地。一番だしに吸い物の2～3倍の濃い味を塩と淡口醤油でつける。素材によってはは砂糖や味醂を加えて塩の角をとることもある。キクナやホウレンソウはやや醤油勝ちに、フキのように持ち味が強い野菜は、塩を勝たせた地に浸け込む。

【八方だし】

一番だし　8
淡口醤油　1
味醂　1

いろいろな用途にすぐに使えるように、あらかじめ仕立てておくだしで、素材や目的に応じて、塩や砂糖、味醂で微調整する。

【二杯酢】

酢　1
淡口・濃口醤油　1

淡口醤油と濃口醤油を合わせる場合、塩を加えることもある。普通は一煮立ちさせて冷ますが、夏など酸味をきかせたい時は、煮立てないで生合せにする。

【三杯酢】

酢　1
淡口・濃口醤油　1
砂糖・味醂　1

一煮立ちさせて冷ます。生合せの場合は、味醂を煮きってから使う。だしを入れる場合もある。

【土佐酢】

二杯酢に一番だしか削りガツオを入れて漉す。味醂や砂糖、塩で味をつけ、生合せにすることが多い。ちなみに昆布を差し込んだ場合は、松前酢と呼ぶ。

【加減酢】

酢　1
一番だし　3〜8
淡口醤油　1
削りガツオ　適宜

好みで砂糖、味醂、塩を足して一煮立ちさせ、漉して冷ます。酢のかわりに柑橘類の絞り汁を使うこともある。

【玉味噌】

白味噌　1kg
卵黄　1〜2個

味醂　50cc
砂糖　110g
酒　180cc

田楽味噌などのベースになる味噌。合わせて弱火でじっくり練る。

【田楽味噌】

玉味噌を酢、煮きり味醂、時には卵白などでのばして使う。

【焼きだれ】

濃口醤油　4
味醂　5
氷砂糖　1・2
たまり醤油　1
酒　1

合わせて火にかけ、1割ほど煮詰める。

第2章

春夏秋冬の野菜便覧

【春】

莢豌豆

さやえんどう／マメ科エンドウ属

エンドウの1種でサヤごと食べる品種をいう。小型のものをキヌサヤとよび、オランダサヤエンドウは大型。関東では小型、関西では大型が好まれる。旬は4～5月だが、栽培技術の発達で10月から6月頃まで入手できる。

調理のポイント

◎緑色が濃く鮮やかで、ガクの部分がピンと張りのあるものを選ぶ。

◎花つきに残った細い芯は鮮度のよさを表し、盛りつけにも効果的なので手荒く扱って損なわないように注意。

◎火の通りが早いので、加熱は短時間にし、美しい緑色と歯触りを生かす。

【下ゆで】 大型のオランダサヤエンドウはスジを取らなければならないが、最近出回っている小型のサヤエンド

【下ゆで】

ガクを上にして持つ。

ガクを折り、サヤの曲線に沿って引っ張り、ガクとともにスジを取る。

スジがないものは包丁の切っ先でガクに切り込みを入れる。

V字形にガクを切り取る。

沸騰した湯に少量の塩を入れてサヤエンドウをゆでる。

鮮やかに色が出たらすぐに引き上げる。

すぐに水に落とす。**5**～**7**の工程を色出しという。

【せん切り】

スジを取る。かたい部分を残さないように念を入れて。花つき側から取るとよい。

マメが着いている背側から2枚に開いてマメを取り除く。

残っているマメやスジを取り除く。

ウはスジがほとんどないので、ガクの部分を切り取るが、矢羽根の形にすると見映えがよい。

【せん切り】スジを取った時点で、そのまません切りにすることもあるが、2枚に開いてマメを取り除いてからせん切りにすると、細く美しいものができる。

【味つけ】緑色を鮮やかに保ちながら味をつけるための方法。せん切りのサヤエンドウはすぐに火が入るため、短時間で仕事をしなければならない。そのためにあらかじめ塩をまぶして色出しをする。せん切りにしないサヤエンドウも味を含ませる工程（7～9）は同じ。

数枚を重ねて1～2㎜のせん切りにする。

【味つけ】

ボウルにせん切りにしたサヤエンドウを入れて塩をふる。

全体に塩が回るように軽くまぶす。

沸騰させた湯に入れて箸でほぐし、1～2分間ほどゆでる。

網杓子で手早く引き上げる。

冷水に落として冷やす。

冷えたらザルに取り、絞って水気をきる。

地を煮立たせ、**6**を入れる。火を入れるのではなく水気を抜き、地をなじませる。

すぐにザルに上げてうちわであおいで冷ます。

これ以上熱が入らないように地も冷まし、再び冷めた地に浸けて味を含ませる。

鶏の鐘馗煮

莢豌豆

おろした金時ニンジンで鶏を炊いた料理。鐘馗（しょうき）さんの赤い顔に見立てている。緑鮮やかなサヤエンドウは花つきの部分がアクセント。

鶏の笹身、金時ニンジン
だし、酒、淡口醤油、味醂
サヤエンドウ

1 鶏の笹身を一口大に切り、強めに霜降りする。
2 だしに酒、少量の淡口醤油、隠し味程度の味醂で味をつけて煮立て、**1**を入れて煮る。
3 金時ニンジンの皮をむいてすりおろし、汁気を絞る。ニンジンの風味が強すぎる時は洗ってもよい。
4 **1**の鍋に**3**を入れてしばらく煮る。
5 **4**を盛りつけ、地浸けして味を含めたサヤエンドウを添える。

莢豌豆鯛の子まぶし

せん切りのサヤエンドウに旬のタイの子をまぶした和え物。せん切りにすることで味がよくなじむ。

サヤエンドウ
タイの卵
だし、酒、淡口醤油、味醂、塩

1 きざんで味を含ませたサヤエンドウの地をきっておく。
2 タイの真子(卵巣)を熱湯でゆがいておか上げする。皮を取ってほぐす。
3 だしに1割の酒を入れ、味醂、塩、少量の淡口醤油でタイの卵を煮る。
4 煮詰まってきたら、湯煎に変えて、茶筅で煎ってパラパラにする。
5 サヤエンドウに**4**の煎った卵をまぶす。

豌豆

えんどう／マメ科エンドウ属

エンドウはサヤエンドウと実エンドウに大別される。これは実エンドウでいわゆるグリーンピース。ウスイマメとも呼ばれる。晩春から初夏が旬。

調理のポイント

◎サヤがプックリと膨らんでいて、緑色の鮮やかなものを選ぶ。

◎サヤから取り出したらすぐに水に浸けるとゆでた時の発色がよい。ゆでる時は紙蓋か落し蓋をする。

◎マメを柔らかくするには塩ゆでが一般的だが、すり流しなど薄皮をむく場合は、壷に入れてかために蒸らすと皮がむきやすい。

【塩ゆで】 持ち味の美しい緑色があせないように、ふっくらとゆでる。マメと薄皮を同じ柔らかさに仕上げる時間管理がポイント。

【壷で蒸らす】 マメを柔らかくするには、塩ゆでが一般的だが、薄皮が柔らかくなりすぎてむきにくくなる。その点、壷で蒸らすと果肉が柔らかくなっても、皮にはかたさが残るためむきやすく、すり流しなどの場合には扱いやすい。

【塩ゆで】

1 サヤの合わせ目を軽く押してサヤを割り、親指でマメをかき取る。

2 空気に触れないようにすぐに水に落とす。浮いたマメやカスを除き、マメを洗う。

3 湯を沸かして塩を入れ、**2**のマメを入れる。

4 マメが踊らず、空気にふれないように落し蓋をして弱火で5～6分間ゆでる。

5 途中でアクを取る。マメが一旦浮き上がり、沈み始めたら火を止める。

6 網杓子ですくい上げ、冷水に落とし、余熱で火が入りすぎないようにする。

【壷で蒸らす】

1 短時間で火を通すために、1つまみの塩と少量の重曹を加える。

2 全体に軽くまぶす。重曹には色を出し、柔らかくする効果があるが、量に注意。

3 保湿効果のある壷にマメを入れ、熱湯をたっぷり注ぎ入れる。

4 蓋をして密閉する。

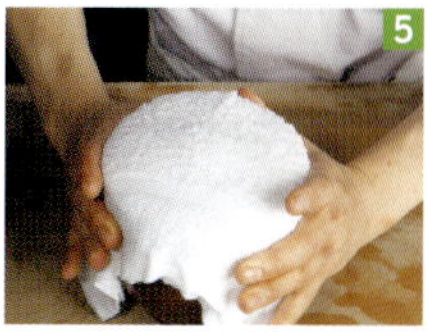

5 保湿効果を高めるために湿らせた布巾をかぶせて30分間おく。

6 水に落として塩と重曹を洗い流す。

豌豆の翡翠煮

花柚子

まるで翡翠のように緑が美しい一品。冷やして地とともに提供する。

エンドウマメ
だし、塩、淡口醤油、味醂
花ユズ

1 塩ゆでしたエンドウマメの水気をきる。

2 だしに塩、淡口醤油、少量の味醂を合わせて一煮立ちさせて冷やしておく。

3 **2**の地に**1**のエンドウマメを浸ける（仮浸け）。

4 水っぽくなるので、新しい地に浸けかえる（本浸け）。

熱い地に浸けると色があせやすいので、必ず冷やした地に浸ける。

豌豆のすり流し
筍真砂糝薯 木の芽

薄皮をむいて裏漉ししたものを吸い地に煮溶かして緑色の地を仕立て、葛でとろみをつける。かたさを加減すれば和え衣にも使える。

筍真砂糝薯（↓63頁）
エンドウマメのすり流し、木ノ芽

1 筍真砂糝薯を四角く切り分けて蒸し器で温める。
2 1を椀に盛り、エンドウマメのすり流しを注ぐ。
3 香りの木ノ芽を添える。

【すり流し】

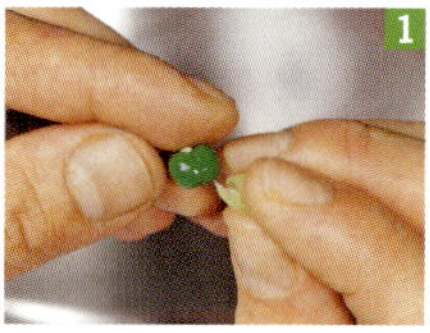

1 蕾で蒸らしたマメの薄皮を1個ずつむく。

2 熱いうちに細かい目の裏漉し器で裏漉しする。

3 裏漉ししたエンドウマメ。

4 一番だしに少量の塩、淡口醤油で味つけをして吸い地を作る。

5 4の吸い地に裏漉ししたエンドウマメを入れて温める。

6 アクをすくい取り、だしで薄めに溶いた葛を回し入れる。泡立て器でよく混ぜる。

独活

ウド／ウコギ科

日本原産の野菜で、春先に出回る野生のもの以外はほとんどがビニールハウスや室（むろ）で軟白栽培され、1年中出回る。春先の路地ものは、茎の半分に土を被せて育てており、白い茎に赤色が出て、葉先は緑色なのが特徴。香りと歯触りが持ち味で栄養価はあまり高くない。

調理のポイント

◎皮のうぶ毛が痛いほどしっかりしているのが新鮮なので、これを目安に選ぶ。
◎アクがまわりやすいので、切るはじから酢水に浸けて変色を防ぐ。
◎その都度使いきるのが原則。保存する場合は、冷蔵庫に入れると変色するので、紙に包んで冷暗所に。

【アク止め】 枝分かれしている細い部分は和え物、サラダ、きんぴらに。太い部分は白煮などに。最初から目的の長さに切る方法もあるが、長めに切っておくと仕事がはかどる。白煮には丸むきや縦割にし、和え物には短冊切り、せん切りにして使うことが多い。

【あやめ独活】 初夏の季節感を表す飾り切り。椀物の

【下処理・アク止め】

枝分かれしている細い茎をはずす。

土や泥を洗い落とし、変色している根元を削り落とす。

葉先を切り落とし、無駄が出ないよう目的に応じた長さに切る。

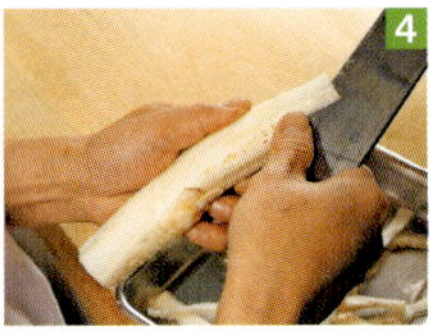

皮をむく。短い場合は丸むきにし、長い場合は写真のようにねじむきにする。

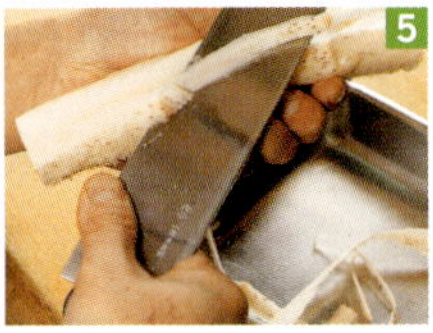

色が変わっている部分を取りきるように厚めにむく。

酢水に浸ける。

【あやめ独活】

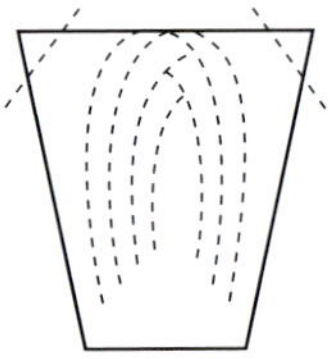
波線部分に包丁を入れる。

長さ5～6cmに、厚さ5mmに縦に切って台形に切り、長めの両角を切る。

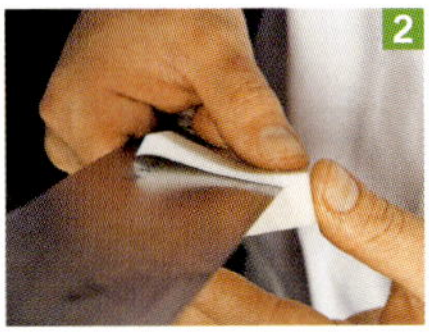

真ん中から花びらを形取るように左右対称に底1cmを残して曲線に切り込む。

2の切り目に平行して浅い切り込みを入れる。最後に中央の花芯部分を切る。

薄くへぎ切りにする。

酢水に落とすと切り込んだ部分が開く。しばらく浸けてアク抜きをする。

添えや刺身のあしらいに使う。

【白煮の下処理】 同じ太さ、長さに仕上げるために、できるだけ長く切り、数本を束ねて調理を進める。

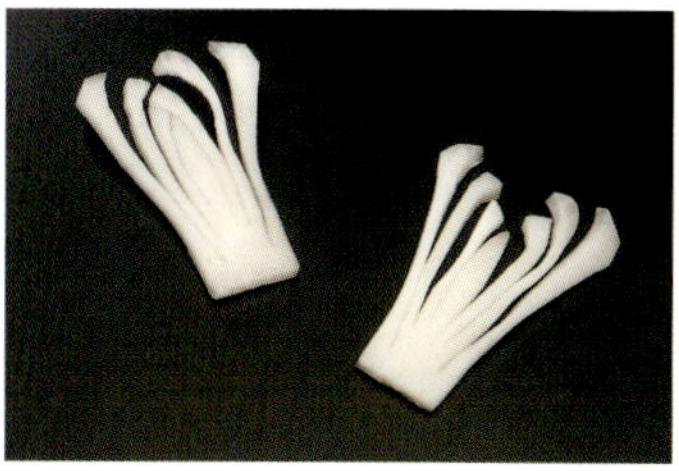

あやめ独活

【白煮の下処理】

1 包丁の刃元で上断面に切り目を入れ、親指でウドを押さえながら裂くように切る。

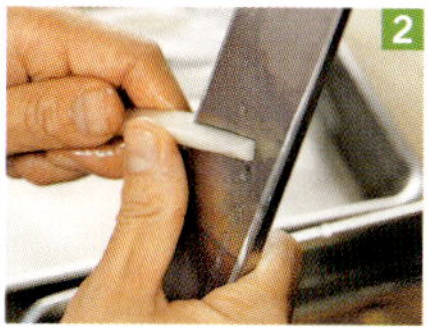

2 適当な太さになるまで**1**を繰り返して縦に割る。

3 少量の酢を加えた立て塩に15分間程度浸ける。歯応えが必要な時は浸けない。

4 水気をふき取り、5〜6本束ねて竹の皮で結わき、白煮する。

● 吉原独活白煮

豌豆翡翠煮 葛あん

春は緑が美しい季節。
ウドの清々しい白さも
春の緑に出会い、輝くばかりだ。

ウド
エンドウマメ（塩ゆで↓47頁）
だし、塩、淡口醤油、味醂
葛

1 塩ゆでしたウドを鍋に入れ、だしを張って煮る。塩、ごく少量の淡口醤油、味醂で味をつける。
2 火を止めて鍋ごと氷水で冷ます（白煮）。
3 だし、淡口醤油、塩、少量の味醂を一煮立ちさせて冷ましておく。
4 **3**を取り分け、塩ゆでしたエンドウマメを30分間浸けたのち（仮浸け）、新しい地にさらに30分間浸ける（本浸け）。
5 白煮したウドを器に盛り、**4**のエンドウマメを散らす。
6 ウドの煮汁を煮詰め、水溶き葛を溶かしてあんをつくる。これを冷やして**5**にかける。

蕗のとう

ふきのとう／キク科フキ属

フキの生殖器官であり花の蕾で、早春に地下茎から茎や葉よりも先に顔を出す。春のさきがけとして季節感豊かな素材。ウロコ状のホウが開かないうちに食用にする。晩冬から初春が旬。

調理のポイント

◎採取して時間がたつほどアクが強くなる。できるだけ早く新鮮なうちに使いきる。

◎苦みが強いが、それをいかに取り、ほどよく残すかの加減が大切で、重曹の使い方がポイントとなる。

【天ぷら】 フキノトウはアクが強いが、その苦みもご馳走である。ゆでる場合は重曹を入れてアクを取るが、直接油で揚げるとアクがなくなり、そのまま食べることができる。

【天ぷら】

1 土などの汚れを洗い流し、茶色に変色したホウを取り除く。

2 軸の部分を切り取る。

3 火が早く通るように軸のかたい部分に十文字の切り込みを入れる。

4 小麦粉を刷毛でまぶす。

5 片栗粉を水で溶いた衣をつける、

6 165℃くらいの油に入れ、短時間で揚げる。

蕗のとうの辛煮

フキノトウを醤油味でしっかり炊いて、常備菜や箸やすめに。

フキノトウ
重曹
酒、淡口醤油
ケシの実

1 フキノトウを掃除する。
2 湯を沸かし、沸騰したら重曹を少量入れてフキノトウを下ゆでする。
3 流水にさらしてアクを取る。
4 鍋に酒と淡口醤油を煮立て、水気を絞った**3**のフキノトウを入れて煮詰め、地をからめるようにして炊き上げる。
5 盛りつけてケシの実をふる。

蕗

ふき／キク科フキ属

日本原産の野菜。全国の山野に自生しているが、栽培が始まったのも古く、平安時代という。

独特の香りとほろ苦さが持ち味で、春の季節感を表す代表格。

調理のポイント

◎太すぎるものはスが入っていることがあるが、細いものは旨みにかけるので避ける。直径1～2㎝ほどのものが扱いやすい。

◎葉柄はアクが強くかたいので、塩ずりしてからゆでる。

◎シャキッとした歯応えを求める場合は、火の通し加減に注意する。

◎皮は生でむいてもよいし、ゆでてからむいてもよい。ただし取り残さないように上からも下からもていねいにむき取る。

【下ゆで】 採りたては下ゆでせずに皮をむく方法もあるが、下ゆでしてからむくと固いスジも取りやすくなる。下ゆでするさいに塩ずりすると塩がフキにしみ込み、皮がむきやすくなる。また緑色の発色もよくなる。シャキシャキした歯触りを残すか、柔らかく仕上げるか、必要

【下ゆで】

1 葉柄が分かれているギリギリのところで切り落とす。葉は辛煮などに使う。

2 鍋の大きさに合わせて、ゆでやすい長さに切り分ける。

3 まな板の上に置き、塩をたっぷりとふる。

4 両手で軽くフキをころがして塩をまぶしつける。

5 水きりバットに数分置いてなじませる。長く置くと塩辛くなってしまうので注意。

6 塩を洗い流す。

7 沸騰させた湯に塩を入れる。

8 根元のかたい部分を先に入れる。

9 時間差をつけて全体を入れる。

10 箸で持ち上げて、やや曲がるようになったら引き上げ、冷水に落とす。

11 皮をむく。切り口の端に爪を当てて皮の端をはがし、そのまま下まで引きむく。

12 反対側の切り口からもむき、すぐに氷水にとって色止めをする。

に応じてゆで時間を加減するが、下ゆでの後に青煮にする場合は短時間でゆでるようにする。

【青煮1】フキの姿を生かし、緑色がきれいに出るように火加減を注意しながら煮る。太いままで煮る場合もあるが、ここでは細く割って煮る。

※地はだしに淡口醤油と塩を加えて一煮立ちさせて冷ましたもの。仮浸けも本浸けも同じものを使用。

【青煮2】薄く斜めに笹打ちしたフキを色よく煮る。ここではシャリッとした歯触りを残すために短時間ゆでた。

【青煮1】

下ゆでしたフキを縦に割る。太いものは2～4つ割りにする。

何本か揃えて置き、端を切り落とす。

端を揃え、竹の皮で結わく。

地を用意し、仮浸けを30分間と本浸けを3時間して水っぽさを抜く。

【青煮2】

塩ずりしたフキ(→54頁6)の皮をむき、縦に置いて大きく斜め切りにする。

1のフキはすぐに水に取り、アク止めしておく。

湯を沸騰させ、塩を入れる。

2のフキを網杓子にのせてサッと熱湯にくぐらせて火を通す。30秒が目安。

すぐに冷水に落とす。以降は青煮1と同様のプロセスで地浸けする。

穴子の八幡巻

蕗の青煮
はじかみ

アナゴ
フキの青煮1
タレ*（濃口醤油、たまり醤油、酒、味醂、砂糖）
はじかみ

*タレは材料をすべて合わせて火にかけ、1割ほど煮詰めたもの。

1 青煮したフキに開いたアナゴを巻いてタレがけしながら焼く。

2 焼けたら食べやすい大きさに切り分け、はじかみを添える。

【八幡巻】

フキは縦に割らずに太いまま青煮にして味を含ませ、水気をふいておく。

アナゴを水洗いして開き、縦半分に切る。端を3cm切り残して紐状につなげる。

フキを3本ほど揃えてアナゴと一緒に束ねて竹の皮でしばる。

左手でフキを回しながら、右手のアナゴをフキに巻きつけていく。

アナゴの端とフキを竹皮で結わいて止める。

片手でもてるように扇串を打つ。

天火で焼く。均等に火が入るように途中で串を抜き、90度回して打ち直す。

こげめがつき、8割程度まで火が入ったらタレをかけて焼く。2〜3回かける。

生節 蕗の田舎煮

白髪葱

カツオの生節、フキ
だし、濃口醤油、淡口醤油、酒、白髪ネギ

1 だしに濃口醤油、少量の淡口醤油、酒を合わせて煮立て、生節を入れてコトコトと炊く。

たっぷりのだしで炊き上げる。

2 下ゆでしたフキを5㎝に切り、**1**の鍋に入れて、歯触りが残る程度に炊いてそのまま冷ます。この場合はフキの色は気にせず、歯触りを考える。

3 盛り合わせて天に白髪ネギを添える。

鱧の子の玉締め

蕗の青煮

ハモの卵、だし、酒、淡口醤油、味醂
塩、卵、葛、フキの青煮1

1 ハモの真子の皮を取り除き、卵を熱湯で下ゆでする。

2 だしに酒、淡口醤油、味醂、塩を加えて沸かし、**1**のハモの卵を煮る。

3 冷めたら溶き卵を入れて半熟にする。

4 流し缶に流して蒸し器で蒸して火を通す。

5 だし、塩、淡口醤油を合わせた地を温め、水溶き葛を加えてとろみをつける。

6 玉締めを切り出して温め、切り揃えたフキの青煮を添え、**5**のあんをかける。

炊合せ

鯛の白子
笹打ち蕗の酢和え
梅肉

タイの白子、フキの青煮2
だし、塩、淡口醤油、酢、味醂
ショウガの絞り汁、梅肉

1 タイの白子を一口大に切り、塩でもんでヌメリを取り、霜降りをしておく。

2 だし、酢、塩、味醂、少量の淡口醤油にショウガの絞り汁を落として加減酢を用意する。

3 色出ししたフキを**2**の加減酢で和える。

4 白子を盛り、天に梅肉をのせる。脇にフキを添える。

筍

たけのこ／イネ科マダケ属

タケノコとして料理に使うほとんどが孟宗竹（モウソウチク）で、大型のタケノコ。春に地下茎の節から芽を出し、地表に現れない状態のものを掘り出すと香りがよく、えぐみが少ない。旬は3～5月。

調理のポイント

◎掘りたてで土が湿っているようなものがベスト。持ち重りのするものを選ぶ。
◎どんどん鮮度が落ち、アクがまわるので、入手したらすぐにゆでる。
◎1本の部位で繊維の状態が異なるので、適切に使い分ける。
◎使いきれない場合は、水煮をしてそのまま冷蔵庫に保存する。

【アク抜き】 タケノコは火の通りをよくするために、穂先を切り落とし、皮にも切り目を入れておく。アク抜きに用いる米糠もタカノツメも、タケノコのえぐみを取るのに効果を発揮する。

【アク抜き】

1 こびりついている土をタワシでこすって洗い流す。

2 使い道のない曲がっている穂先を、カーブに沿って切り落とし火通りをよくする。

3 斜めの断面を上に向けて縦に切り目を入れる。身は傷つけないよう皮のみを切る。

4 大きめの鍋に水を張り、たっぷりの米糠を入れてシャモジでよく混ぜる。

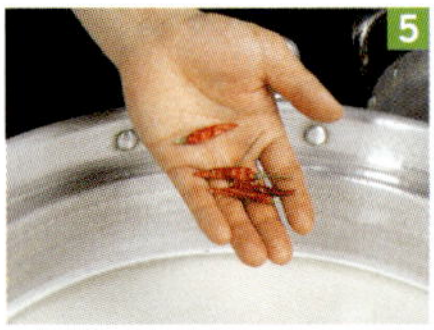

5 ここにタカノツメを2～3本入れる。

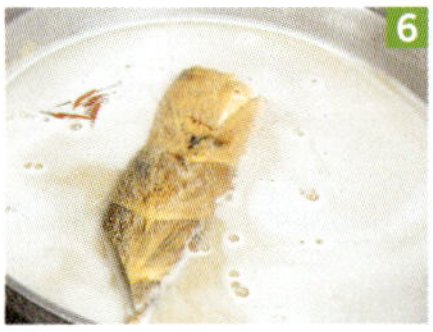

6 **3**のタケノコを入れて中火にかける。

7 常に水中にあるように、落し蓋をしてゆでる。

8 40分～1時間ほどかけてゆで、かたい部分に串がスッと通ったらゆで上がり。

9 粗熱が取れたら取り出す。浸けたまま冷めるまでおくと糠臭さがついてしまう。

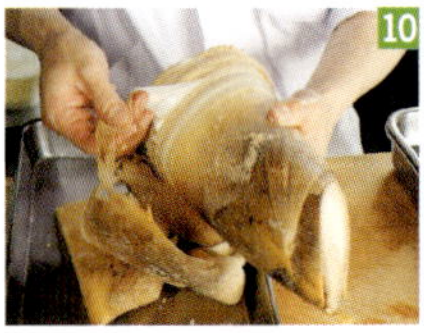

10 冷めたら皮をむく。

11 根のほうのかたい部分を切り落とす。

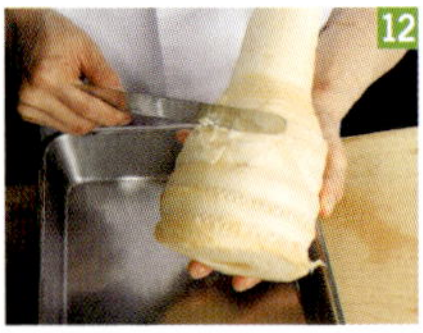

12 皮の残りなど、もろもろのものをナイフの背や竹串などを使って落とす。

下の赤や黒の突起は包丁で薄くむいて取り除く。

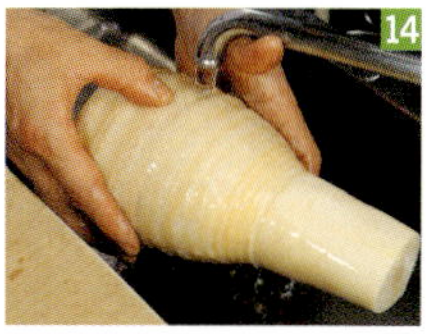

流水で米糠を洗う。2〜3分間ゆでて糠気を取り除く場合もある。

各部位の基本の切り方

a. 絹皮のせん切り
b. 穂先の４つ割り
c. 下部の桂むき
d. 真ん中あたりの輪切り
e. 真ん中のいちょう切り
f. 真ん中のあられ切り
g. 下部のせん切り

a. 上部の柔らかい絹皮はせん切りにして和え物や筍ご飯に。

b. 穂先に近い部分は非常に柔らかい。何にでも使えるが、4〜8割りにして天ぷらに。短冊やさいの目に切って和え物にする。

c.、**g.** 下部のかたい部分は繊維を切断する意味で薄く桂むきにしたり、せん切りや小さいさいの目に切る。

d.、**e.**、**f.** 真ん中あたりはほどよいかたさで歯触りも旨みもあり、短冊に切って刺身に。また輪切りや短冊、乱切りにして煮物、焼物、和え物に広範囲に利用できる。

若竹煮

木の芽

旬のタケノコとワカメを炊き合わせた代表的な料理。若竹煮には、最後にタケノコとワカメを一緒に炊く場合と、別に炊いて盛り合わせてほのかにタケノコの風味を移すやり方がある。ここでは後者を紹介する。ワカメの柔らかい食感に合わせてタケノコの上部の柔らかい部分を使うとよい。

タケノコの上部（アク抜き済）
一番だし、淡口醤油、塩、味醂、追ガツオ＊
ワカメ＊＊、木ノ芽

＊削りガツオをガーゼに包んで落し蓋のように鍋の上にかぶせる。カツオ蓋と呼んでいる。
＊＊生ワカメの場合はよく洗い、掃除をして霜降りをして煮含める。

タケノコの柔らかい穂先から真ん中あたりを使い、一口大に切る。

湯を沸かし、1のタケノコを入れてサッとゆでる。

タケノコを流水にとって糠臭さを抜く。

一番だしに3を入れて火にかける。淡口醤油、塩、味醂で薄味をつけて煮含める。

タケノコの上にカツオ蓋をかぶせてしばらく炊き、軽く絞って引き出す。

ワカメを戻し、かたい部分を除いて霜降りする。だし、淡口醤油、塩の地で炊く。

※若竹汁にする時は、タケノコを小さめの薄切りにして煮含め、炊いたワカメとともに椀に盛り、吸い地を仕立てて上がりに酒を少量落としたものを張る。

筍の梅肉和え

タケノコの真ん中（アク抜き済）
だし、塩、淡口醤油
梅肉＊

＊梅干を裏漉しし、だしあるいは煮きり酒でゆるめ、煮きり味醂で味を和らげたもの。

1 アク抜きをしたタケノコを1cmのさいの目に切る。
2 だしに塩、淡口醤油で味をつけて1を煮含める。
3 タケノコの地をきり、梅肉で和える。

筍の土佐煮

木の芽

タケノコを大ぶりに切ってダイナミックに。
しっかりと煮含めたタケノコに粉ガツオをまぶす。
大きな輪切りのタケノコは味がしみ込みやすく、
柔らかく炊けるように包丁を入れ、食べやすくしておく。
カツオもタケノコと相性のよい素材である。

タケノコ(アク抜き済)
一番だし、塩、味醂、酒、淡口醤油
粉ガツオ
木ノ芽

タケノコを輪切りにし、食べやすく味が浸みるように鹿の子の包丁目を入れる。

一番だしにタケノコを入れて火にかけ、塩、味醂、酒、淡口醤油で味をつける。

落し蓋をして中火で煮含める。

アクを取りながら、コトコトと煮含める。

地が少なくなったら、玉杓子で煮汁をかけながら煮詰める。

地がなくなってきたら、仕上げに粉ガツオをまぶし盛りつける。木ノ芽を添える。

筍の絹皮寄せ
木の芽味噌

絹皮をゼラチンで寄せて、相性のよい木ノ芽味噌をかける。木ノ芽和えのアレンジで、プルンとした食感と透明感が新鮮な印象を与える。

タケノコの絹皮（アク抜き済）
一番だし、塩
淡口醤油
板ゼラチン（煮汁100ccに対して3g）
木ノ芽味噌（木ノ芽、白味噌、砂糖、味醂、卵黄）

1 絹皮寄せを用意する。

2 木ノ芽味噌を作る。まず白味噌、砂糖、味醂、卵黄を混ぜ合わせて火にかけて練り、玉味噌を作る。次に木ノ芽を細かく切って刃叩きしてすり潰し、玉味噌を適量すり混ぜる。

3 絹皮寄せを切り出し、木ノ芽味噌をかける。

【絹皮寄せ】

1 絹皮の上部のかたい部分を切り捨てる。

2 絹皮はタケノコらしさを残すために繊維が縦に走るように5〜6枚重ねる。

3 繊維に沿ってせん切りにする

4 一番だしに塩、淡口醤油で薄味をつけて**3**の絹皮を煮る。

5 そのまま粗熱を取ったのち、絹皮だけを引き上げる。

6 **5**の煮汁に水で戻した板ゼラチンを溶かす。

7 ゼラチンのダマを取り除くために漉し器で漉す。

8 **7**に絹皮を戻し、全体に混ざるようにほぐす。沈まなくなるまで冷まして固める。

9 流し缶に流し、箸で絹皮を均等に散らし、周りに氷水をあてて冷やし固める。

筍真砂糝薯 豌豆すり流し仕立

木の芽

炊いてもゴリゴリとした食感が残る下部のかたい部分の利用法。タケノコの風味を生かし、すり身にして柔らかな食感を出す。鮮度が落ちていると、この部分はとくにえぐみが残る心配があるので、新鮮なものを使いたい。

タケノコの下部
一番だし、塩、淡口醤油、砂糖、すり身
エンドウマメのすり流し(↓49頁)、木ノ芽

1 筍真砂糝薯を切り出して吸い地で温めて椀に盛る。
2 温かい豌豆のすり流しを張り、木ノ芽を添える。

【筍真砂糝薯】

1 新鮮なタケノコの下部のかたい部分を切り取って使う。

2 皮をむき取る。

3 残った皮や突起を包丁でこそげ取る。

4 細かな目のおろし金でタケノコをすりおろす。

5 一番だしに塩、淡口醤油、少量の砂糖で味をつけて煮汁を仕立てる。

6 すりおろしたタケノコを煮汁の中に入れて煮る。

7 下ゆでしていないためアクが大量に出てくるのでていねいにすくい取る。

8 漉し器で汁気を充分にきる。

9 タケノコを押してしっかり地をきる。布巾に包んで絞ってもよい。

10 汁気をきったタケノコと同量のすり身を混ぜ合わせ、流し缶に流す。

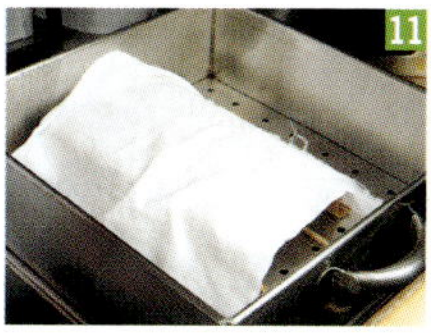

11 トントンと叩いて空気を抜き、ラップフィルムと布巾をかぶせて蒸し器で15分間蒸す。

たんぽぽ

たんぽぽ／キク科タンポポ属

野原に生えるタンポポが品種改良されて食用になった。花も茎も食べられるが、とくに若葉は生食できるほど苦みが少ない。旬は3～4月。

調理のポイント

◎葉が大きく緑が濃いものを選ぶ。

◎火が通りやすいので、サッとゆがく。ゆがきすぎたり水にさらしすぎると、せっかくの風味が失われる。

【下ゆで】 土がついている場合は、完全に取り除くように部位ごとに効率のよいやり方で洗う。ゆでる時点でかたい部分と柔らかい部分の時間差をつける。

【根の下処理】 タンポポの根はきんぴらにしたり、煮含めたり、葉と一緒に和え物などに使う。

【下ゆで】

葉のつけ根ギリギリで根を切り落とす。利用価値の高い根を大切にするためだ。

根に近い部分には土がついているので、1本ずつていねいに洗い流す。

葉の先のほうは、ためた水でふり洗いする。何回か水を替えてていねいに。

水に灰アク(→39頁)を入れて沸騰させ、まず葉元のかたい部分を先に入れる。

1分間たったら葉全体を入れて箸で広げて1～2分間ゆでる。

引き上げて氷水で冷やし、色止めをする。

残ったアクなどを流水で洗い流す。

【根の下処理】

土をタワシでこすって、流水で流す。

適当な長さに切り分ける。ゴボウと同様、皮に香りがあるので皮はむかない。

米の研ぎ汁に酢を落として根をゆでる。アクを取り、白く仕上げる効果がある。

落し蓋をする。柔らかくゆで上がったら水に落として糠気を洗い、味つけする。

● たんぽぽの白和え

煎り玉

タンポポのほろ苦さを生かして白和えにする。
白酢和え（白和え衣に酢を加える）にしてもよい。

タンポポ（下ゆで済）
一番だし、淡口醤油、塩
白和え衣*（豆腐、すり胡麻、砂糖、塩、淡口醤油、だし）
煎り玉（卵黄、塩）

*豆腐の水気を絞り、すり胡麻、砂糖、塩、淡口醤油、だしを合わせてよくすり混ぜる。

1 白和えを作り、器に盛る。
2 煎り玉を作る。卵黄に少量の塩を混ぜ、鍋で煎り煮にする。パラパラになったら裏漉しし、もう一度フライパンで煎る。これを繰り返してきめ細かくする。
3 タンポポの花のように煎り玉を天に添える。

【白和え】

下ゆでしたタンポポの水気をしっかり絞り、3cmに切り揃える。

一番だしに淡口醤油、塩で味をつけて冷ました地に15分間浸ける。

地の汁気を絞り、白和え衣を加えて和える。

蕨

わらび／ウラボシ科ワラビ属

陽当たりのよい原野に自生しているシダ類の一種。最近は栽培ものも出回り、早出しも行なわれている。早春を表現する格好の素材。
3～5月が旬。

早ワラビ

調理のポイント

◎時間がたつとアクがまわってくるので、なによりも鮮度が大切。入手したらすぐに下ごしらえに入る。
◎ワラビのアクはかなり強い。灰アクを使ってアクを抜く場合、灰アクは柔らかくする効果もあるので、歯触りとのバランスが大切である。

【早《さ》ワラビのアク抜き】 栽培ものの早ワラビのアクはそれほど強くないが、木灰をまぶして熱湯をかけ、それを冷ますことでアクを出し、柔らかくする。

【ワラビのアク抜き】 成長したワラビはアクも強くなっており、根元はかなりかたいので、下部は捨ててアクを抜く。

【叩きワラビ】 ワラビの持つ粘りを引き出す仕事で、タレのようにかけたり、とろろイモのように扱う。

【早ワラビのアク抜き】

1 細かな毛を1本ずつ塩でこすって取る。折れたり傷つきやすい先端の扱いは注意。

2 水洗いをした後ボウルに入れて、全体に木灰をふりかける。

3 沸騰させた湯をたっぷりと回しかける。

4 保温のため、ラップフィルムをかけて密閉し、湯が冷めるまで常温に置く。

5 冷めるとアクで湯が茶色くなっている。この段階でワラビは柔らかくなっている。

6 木灰やアクを除くために、水が澄むまで流水で洗い流す。

7 根元のかたい部分を切り落とし、目的の長さに揃える。

8 アクが出て変色しないように使用するまで水に浸しておく。

【ワラビのアク抜き】

1 両手でワラビを持ち、軽く曲げてポキッと折れるところで折って、下部を捨てる。

2 折り口は切り揃える。この後は早ワラビの2～6と同様。

3 たっぷりの熱湯と木灰でアク抜きしたワラビは手で潰れる柔らかさになる。

鯛の白子豆腐

早蕨

ワラビは薄味で煮含めて炊き合わせに盛り込むと春を象徴する一品になる。とくに早ワラビの鉤の形が料理に彩りを添える。

タイの白子
すり身
塩、卵白、昆布だし
淡口醤油
早ワラビ(アク抜き済)
だし、淡口醤油

1 タイの白子を適宜に切り、塩をまぶして水洗いし、ヌメリを取る。熱湯でサッとゆでておか上げする。
2 **1**を裏漉しする。白子4に対してすり身1をすり鉢ですり混ぜ、塩、卵白、昆布だし、少量の淡口醤油を合わせてすり混ぜる。
3 **2**を流し缶に流して、蒸し器に入れ、中火で20分間蒸す。
4 早ワラビをだし、淡口醤油の地に浸けて味を含ませる。
5 **3**の白子豆腐を切り分けて盛り、早ワラビを添える。

甘鯛の昆布締め

叩き蕨

アマダイ(一塩したもの)
昆布、ワラビ(アク抜き済)
だし、塩、淡口醤油、酢

1 一塩したアマダイの上身を昆布で挟んで2~3時間締める。細造りにする。
2 叩きワラビを作り、塩、淡口醤油で味をつける。
3 アマダイを盛り、叩きワラビをかけ、加減酢をかける。加減酢はだし、塩、少量の淡口醤油、酢を合わせて仕立てる。

【叩きワラビ】

アク抜きしたワラビを粗く切り、出刃包丁を両手に持って叩くように細かく切っていく。だんだん粘りが出てくるので、包丁でひっくり返しながら糸を引いてとろろイモのようになるまで叩く。

山葵

わさび／アブラナ科ワサビ属

山地の清流に育つ日本特産の植物。特有の香気があり、とくに根茎はツンとした刺激香、辛みがある。すりおろして刺身に添えたり、鮨に使い、生臭みを消す。信州安曇野、静岡伊豆が主産地。

調理のポイント

◎根が太くて葉のつけ根がみずみずしいものを選ぶ。
◎葉元はとくに香りが強いので大切にし、切り落とさない。
◎すりおろすのは葉元のほうから根の先へ。香りがとぶので、手早く。

【すりおろし方】おろしている途中でカスができないように、つねに先端を尖らせてすっていく。おろし金の目に引っかかったものは粗いので、ムリに集めないでよい。すりおろした後、粗くてかたい部分や繊維のある部分は取り除く。使用するおろし金はできるだけ目の細かなものを選ぶ。素材はアクがまわりにくい銅製や鮫皮のものがよい。

【針ワサビ】ワサビをごく細いせん切りにし、香りや吸い口として椀物や煮物に添える。

【掃除】

1 葉のつけ根は風味が濃いので切り落とさず、葉柄のみを鉛筆を削る要領で落とす。

2 葉柄を削り取った葉元。根茎を最大限に残しておく。

3 突起（小さな根のついていた部分）は包丁の峰で軽く叩くようにして落とす。

4 小さな突起は皮をむくように包丁でむき取る。

5 おろしたワサビが黒ずむので、黒いくぼみ部分は包丁の刃元で残さずえぐり取る。

6 ササラでこすり、こびりついた汚れや土を流水の下で洗い流す。

7 掃除を終え、水分をふき取ったワサビ。必要な分だけその都度すりおろす。

針ワサビ

すりおろしたワサビ

【針ワサビ】

ワサビを掃除して5cmに切り、きれいな緑色が出るように皮を薄くむき取る。

縦半分に切る。安定するように反対側の丸みを縦に切り落とす。

断面を上にして置き、薄くへぎ、左手で少しずつずらしながら下に重ねていく。

へぎ終わると、重ねたものがちょうど桂むきのような状態になっている。

針のように細くせん切りにする。

水に取る。しばらくするとデンプン質で水がにごるので、新しい水に浸け替える。

【すりおろし方】

鉛筆を持つようにワサビを立てて持ち、葉元のほうから弧を描くようにする。

ある程度すりおろしたら、おろし金の両縁の溝に集める。

おろした後にバットに広げ、手と箸でかたい部分や繊維のある部分をさぐって除く。

花山葵

はなわさび／アブラナ科ワサビ属

ワサビの若葉やつぼみの部分。花がまだ開いていない、葉の伸びきっていないものを選ぶ。根茎と同様に、独特の辛みや香りを持っているので、それを適度に引き出してお浸しや和え物に使う。

【辛みの出し方】 ツンとした辛み、ワサビらしい風味を引き出す方法。すりおろす場合と異なり、食べる食材なので、辛みが強すぎないように、引き出し方を加減する。湯を注いで辛みを出すが、温度が高すぎると苦みが出て、辛みがきかなくなるので注意する。またビンをふって辛みを出すが、ふる回数、強さ、時間が大きくなるにしたがって辛みが強くなる。

●花山葵のお浸し

花ワサビ
浸し地
　濃口醤油　4
　だし　6

1 花ワサビの辛みを引き出す。
2 サッと水で洗い、水気を絞った花ワサビを浸し地で洗って一旦地をきる。
3 あらためて新しい浸し地に浸ける。
4 器に盛りつける。

【辛みの出し方】

1 茎はかたいので、葉と花の部分のみを切り取って使う。

2 ザルに取り、60〜70℃くらいの湯（手を入れて熱いと感じるくらい）をかける。

3 しんなりしたら広口のガラスビンに入れる。

4 60〜70℃の湯を注ぎ入れる。

5 密封し、葉が湯と混ざり合うように思いきりビンを上下にふる。湯が濁ってくる。

6 色止めするためにビンごと氷水に浸けて冷やす。

【夏】

青紫蘇

あおじそ／シソ科シソ属

中国原産の香味野菜のシソの葉。大葉とも呼ばれ、独特のさっぱりとした芳香が料理にアクセントを添える。刺身の妻、天ぷらに添える。

【せん切り】 大きめの葉は芯がかたい場合があるので、芯を切り取ってからせん切りにする。柔らかな葉は、軸だけ切り取って、クルクルと巻いてせん切りに。切ったらすぐに水に落としてアクを取る。

【せん切り】

1～**5**は大きな葉の場合の解説をする。まず半分に切ってかたい芯を切り取る。

数枚を重ねる。

端からせん切りにする。

水に落とす。

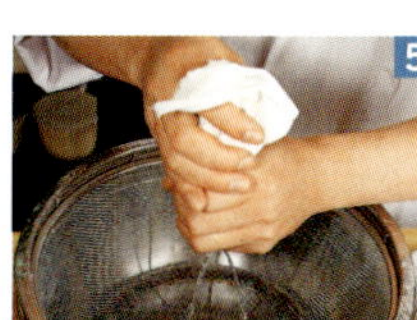

布巾で水気を絞る。

次に柔らかい葉の解説をする。まず軸を切る。

クルクルと巻く。

せん切りにする。**4**と同様水に落とす。

紫蘇ごはん

米
昆布だし、塩
アオジソ

1 米を研いで塩を入れた昆布だしで炊く。

2 1をおひつに移し、粗熱がとれたらせん切りにしたアオジソを混ぜる。

せん切りにして水に放ったアオジソを、薄い塩味の昆布だしで炊いたご飯にさっくりと混ぜる。

青梅

あおうめ／バラ科ウメ属

中国原産で、食用となる実ウメと観賞用の実ウメがある。果肉にはクエン酸やリンゴ酸が多く含まれるため、酸味が強く、そのまま食べられない。煮梅には青ウメが、梅干しにはやや黄色く熟した梅が適している。

調理のポイント

◎傷のあるもの、斑点のあるものを除いておく。傷は調理中に皮が破れたり、煮くずれの原因になり、斑点は見栄えが悪い。

◎酸味を適度に残すこと。ウメらしい風味を残すために、常に味見をしながら調理を進めていく。

◎火を通したウメは壊れやすいので慎重に扱うこと。

【掃除・酸味の抜き方】ウメを傷つけないこと、加熱時に皮を破損しないことが大切。そのために針打ちをする。道具は割り箸などの周りに木綿針を7～8本巻きつけ、接着テープでグルグルと巻いて固定したもの。また火にかけるさい、木蓋は重いので軽い紙蓋をしてウメが壊れないようにする。8～9の工程を2～3回繰り返し、酸味を適度に抜く。この後蜜煮や煮梅にする。

【掃除・酸味の抜き方】

1 傷や斑点のあるものを除き、たっぷりの水に一晩浸けておく。

2 1粒ずつ水分をよくふき取る。この時にもう一度傷の有無を確認して除く。

3 表皮を傷つけないようにヘタを取り除く。

4 針打ちをする。とくにヘタの近くはていねいに。

5 薄い塩水に2時間ほど浸ける。

6 水気をふき、銅鍋に入れて80℃の湯を注ぎ入れる。

7 ラップフィルムをかけて保温し、皮を温める。急激な温度変化を避けるため。

8 ウメが温まったら弱火にかける。紙蓋をして常に湯に浸かり、踊らないようにする。

9 1時間ほど炊き、きれいな緑色が出てきたら火を止め、静かな流水に1時間さらす。

【葛水仙】裏漉しした素材に葛を混ぜて薄くのばし、固めたもの。包んだり、細く切って使う。アオウメを練り込んだ葛水仙は、緑色とかすかな酸味でさわやかな印象を与えてくれる。

【葛水仙】

1
酸味を抜いたアオウメの種を取り除く。

2
果肉を目の細かい裏漉し器で裏漉しする。

3
裏漉ししたアオウメ。

4
アオウメとほぼ同量の葛、少量の塩を入れて、手でよく練り混ぜる。

5
流し缶に流し入れ、1〜2mm程度の厚さにのばす。

6
熱湯で湯煎し、固まってきたら流し缶を熱湯に沈める。

7
透明感が出てきたら（この間約10秒間）引き上げ、氷水に浸けて冷やす。

8
水に浸けたまま一文字のような平らなもので破れないようにはがし取る。

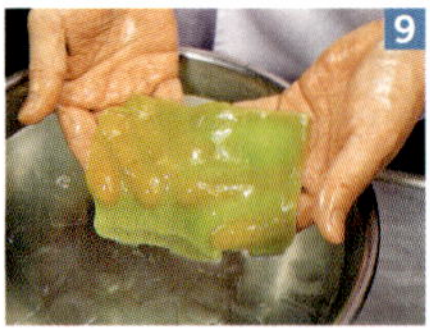
9
でき上がった葛水仙。用途に応じて切り分けて使う。

青梅蜜煮

涼味がご馳走となる夏。目にも口あたりにもさわやかな印象を残したい。ほんのりと酸味を含んだ青梅の蜜煮は、夏の始まりを告げる先付の逸品。

アオウメ（酸味を抜いたもの）
氷砂糖

1 2リットルの水に400〜500gの氷砂糖を煮溶かした薄蜜にアオウメを入れ、1割ほど煮詰める。

2 砂糖を200〜300g足して中蜜程度にして、さらに1割煮詰め、そのまま冷まして密煮とする。

3 **2**の中蜜でゼラチンを煮溶かし、冷やしてトロッとした柔らかさに固める。これをアオウメにかける。

煮物椀 清汁仕立

ぼたん鱧
青梅の葛水仙
蓴菜 木の芽

アオウメを練り込んだ葛水仙で旬のハモを引き立てたさわやかな椀物。

ハモ、葛
葛水仙
蓴菜
清汁
木ノ芽

1 骨切りしたハモに葛を打ち、熱湯に落として身の花を開かせ、ぼたんハモを作る。
2 アオウメの葛水仙を蕎麦くらいの細さに切り、ぼたんハモに添えて盛る。
3 サッと熱湯に通した蓴菜を添え、熱した清汁を張る。木ノ芽を添える。

オクラ

おくら／アオイ科アオイ属

2000年前にはすでにエジプトで栽培されていた歴史のある野菜。5～6cmの一般的なオクラに対して、長さが3cmほどのものをミニオクラ、または姫オクラという。栄養価に富み、独特の粘り気がある。

調理のポイント

◎うぶ毛が表面をびっしりおおっているものは鮮度がよい。しかしこれは食感の邪魔になるので、取り除くことが必要。

【姿のまま使う】 塩をまぶしてこすって（塩みがき）、うぶ毛を取り除き、緑色を鮮やかに出す。

【輪切り】 オクラの切り口の星型を生かして盛りつけの飾りに利用されることが多い。スジを残して種だけ竹串で取り除く。この場合も塩みがきはしておく。

【せん切り】 白いスジや種を取り除いて、果肉だけを縦にせん切りにする。笹打ちと同様にサッと色

【姿のまま使う】

1 ヘタの部分を整えるために、左手でオクラを回しながらかたい部分をむき取る。

2 軸（茎のつけ根）を切り落とす。

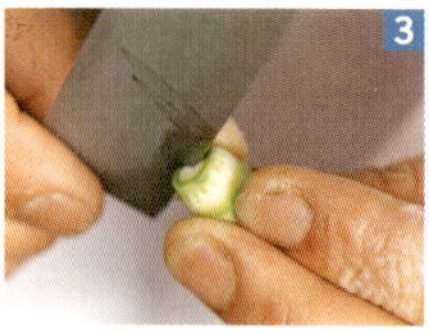

3 火が通りやすいように、かたい部分に包丁の刃元近くで十文字の切り目を入れる。

4 オクラの表面のうぶ毛を取るためにたっぷりの塩をまぶし、表面全体をこする。

5 塩を洗い流す。

6 布巾などで水気をよくふき取る。

7 沸騰した湯にオクラを入れて、やや歯応えが残る程度にゆでる。

8 姫オクラは2～3分間が目安。変色する前に手早く氷水に落として冷ます。

【輪切り】

1 ヘタを切り落とし、細い串を使って種を抜く。

2 小口から切る。

出しし、地浸けして和えたり添え物にする。

【笹打ち】笹の葉の形に斜め切りにすること。同じ長さ、同じ幅になるように角度を決めて、連続押し切りをする。ゆでた後地浸けして味を含ませ、和え物にしたり炊合せや酢の物の天に重ね盛りする。

【筒オクラ】芯を抜いて筒にし、素麺を通して盛りつける趣向。素麺が器の中で散らないようにという工夫でもある。

【笹打ち】

ヘタを切り、斜めに置いて同じ長さ、幅(2〜3mm厚さ)に連続押し切りする。

竹串の先で種を落として除き、水に落とす。引き上げて水気をよくふき取る。

沸騰させた湯に入れ、数秒で取り出す。火は入りやすいが通しすぎるとくずれる。

色止めのために氷水に落として急冷する。

水気をよくふき取り、冷ました地(だし、淡口醤油、少量の塩)に浸け込む。

【筒オクラ】

目的の長さを考えながら、塩みがきしたオクラのヘタと先端を切り落とす。

左手でオクラを持ち、筒抜きを回しながら入れて種(芯)を抜く。

芯を抜いたオクラ。サッとゆでて氷水に落とす。

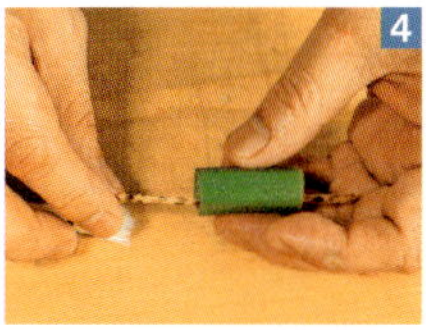

素麺の端を紐で結わいてゆで、その紐の端を筒オクラに通して引っ張る。

全体を通したら適当な長さで素麺の端を切り揃える。

【せん切り】

ヘタのかたい部分を切り落として塩みがきする。

縦半分に切る。

骨抜きなどを使って芯の白いスジや種を取り除く。

包丁の切っ先でかき取ってもよいが、果肉を破らないように注意。

スジと種をきれいに取り除いたオクラ。

長さを揃えて先端を切り落とし、長方形にする。適当な太さのせん切りにする。

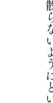

叩きオクラ寒天寄せ

蒸し雲丹
敷き味噌

オクラは細かく切ったり叩くと粘りが出る。これを寒天で寄せて流し物にした。

寒天寄せ
オクラ
ウニ
一番だし　400cc
寒天　1本
板ゼラチン　0・75g
芥子酢味噌(玉味噌、溶き芥子)

1 寒天寄せが冷めたら切り出す。
2 器に芥子酢味噌を敷き、寒天寄せを盛りつける。

【寒天寄せ】

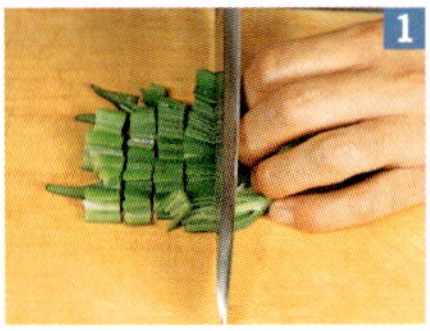

オクラは塩みがきしてサッとゆでて使う。叩きやすいよう粗く切っておく。

両手に出刃包丁を持ち、交互に振り下ろしながらまんべんなく細かく切る。

粘りが出てとろろのような状態になるまで叩く。

寒天、板ゼラチンを一番だしで煮溶かし、漉して粗熱をとってオクラと合わせる。

ウニを形がくずれないように軽く蒸して、**4**に混ぜる。

流し缶に流し、冷水で冷やし固める。底にも氷水があたるように割箸をかませる。

鮑の吉野煮
オクラの含め煮
露生姜

アワビ、姫オクラ、だし、酒、塩、淡口醤油
葛、ショウガの絞り汁

1 アワビを塩みがきし、水洗いして殻をはずしてワタを取り、薄切りにする。
2 葛を打って酒と塩をふって煎るようにサッと火を通す。
3 水溶きの葛をからめる。
4 下処理してゆがいた姫オクラを用意する。だし、塩、淡口醤油でサッと炊き、オクラを引き上げて地と別に冷ます。冷めたら再び浸けて味を含ませる。
5 提供時に温めて盛りつけ、ショウガの絞り汁を落とす。

鱚の昆布締め
笹打ちオクラ
加減酢

キス
笹打ちオクラ
だし、塩、淡口醤油、味醂
加減酢（だし、塩、淡口醤油、酢）
昆布

1 キスを水洗いし、三枚におろし、腹骨と小骨を取って上身にする。
2 薄塩をあて、昆布に挟んで数時間締める。
3 下処理して笹打ちしたオクラをゆがき、だし、塩、淡口醤油、少量の味醂の地に浸けて味を含ませる。
4 キスとオクラを盛り、加減酢をかける。

鱸の白滝流し
早松　筒オクラ
染おろし

スズキ、マツタケ
筒オクラ
だし、塩、淡口醤油
赤唐辛子、ダイコン

1 スズキを三枚におろし、腹骨と小骨を取り除き、切り身にする。塩をあてて焼く。
2 マツタケは梨割りにし、塩と淡口醤油で味をつけた地でサッと温める。
3 スズキ、筒オクラと素麺、マツタケを盛り、一番だしに塩、淡口醤油で味を調えた地を張る。
4 赤唐辛子を差し込んだダイコンをすりおろし、淡口醤油をたらして（染おろし）添える。

南瓜

かぼちゃ／ウリ科カボチャ属

原産は中央アメリカ。深い溝がある日本カボチャ（和種）と、ツルッとした皮の西洋カボチャ（洋種）がある。前者は菊カボチャともいい、色白でねっとりとした食感がある。後者はホクホクとした食感と甘みが特徴で、栗カボチャと呼ばれている。

調理のポイント

◎カボチャの持ち味を生かし、料理の目的に応じて和種と洋種を使い分ける。
◎ワタを残すと溶け出して見栄えが悪くなる。
◎甘みをしっくりと含ませることが美味しさの秘訣。
◎煮くずれしやすいので火加減に注意する。
◎味をつける前に、仕上げる料理によって、柔らかくゆでる、あるいはサッと霜降り、空蒸しを使いわける。

【木の葉南瓜】

1 カボチャの直径に真っ直ぐ包丁をあて、力を入れて半分に割るように切り下ろす。

2 かたいヘタを取り除く。まずヘタの両側からV字形に切り込みを入れる。

3 次に包丁の柄やすりこぎでヘタを叩き落す。

4 横半分に切る。

5 包丁の峰で種とワタをこそげ取る。取りにくければスプーンなどを使うとよい。

6 さらに半分に切る。

7 必要な大きさになるまで、次々に半分に切っていく。ほぼ二等辺三角形にする。

8 角ばっている部分を葉の形のようになめらかな曲線に粗取りする。

9 果肉側を平らになるように切り落とす。

10 両縁の切り口が見えないように果肉に傾斜をつけて切り落とし、葉形に近づける。

11 葉脈の溝を切る。包丁の刃元を使うか、三角錐で彫ってもよい。

12 周りに切り込みを入れてもよいが、煮くずれしないように炊き方に注意する。

【木の葉南瓜《なんきん》】

カボチャの皮の色を利用して作る代表的なむきもの。角をくずさないように、蒸し煮込みという方法で火を入れる。

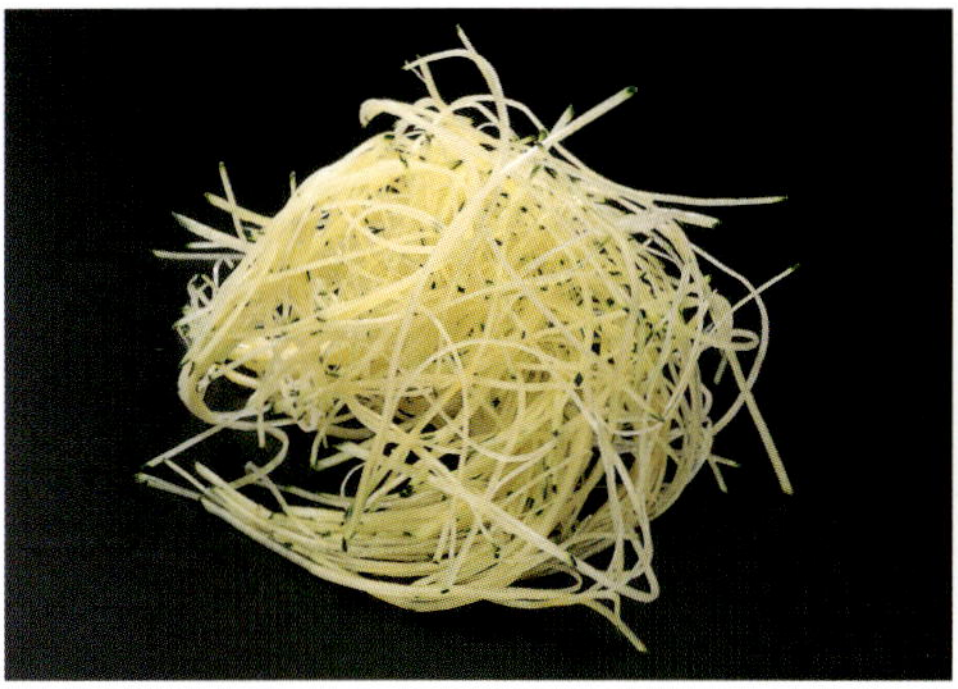

【せん切り】

カボチャの身質は緻密で桂むきがしにくい。手でしっかり持って安定させ、均一の厚さにむいていく。せん切りにしたものは刺身の妻やサラダなどに生で添える。

13 水から入れて柔らかくゆでる。

14 バットに並べ、一番だし、塩、砂糖を合わせた地を入れて浸す。

15 ラップフィルムをかけて蒸し器で20分間蒸し、そのまま冷まして味を含ませる。

【せん切り】

1 桂むきの幅を一定にするために天地を切り落とす。まずヘタのほうを切る。

2 底を切り落とす。

3 桂むきしする。折れやすいので塩水を入れたボウルに落としながらむく。

4 しんなりしたら扱いやすいように一旦巻き取る。

5 まな板にのばし、布巾で水気をふき取る。

6 長めに切りながら重ねる。

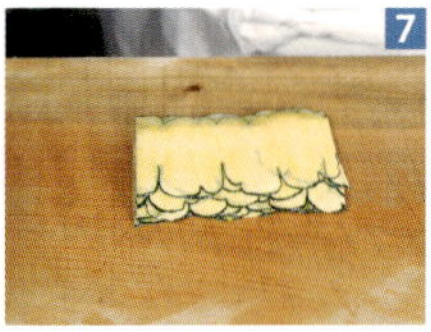

7 これを半分に切って重ねる。8〜10枚程度が目安。

8 せん切りにする。

9 水に落としてパリッとさせる。

【花南瓜《はななんきん》】桂むきにしたカボチャを花びらに見立てて重ねる。炊合せのあしらいや焼物に彩りを添えるむきもの。

【花南瓜】

桂むきしたカボチャを広げ、縦に四分六(4対6)の幅に切る。

幅の狭いほうを10㎝に切り、端と端を少し重ね、長い帯状にする。

皮のついたほうを少しゆるめに端から巻いていく。これが花芯となる。

3と同様に片側が開くように二重に巻く。

楊子で留め、箸を使って花びらの形に調える。

幅の広いほうを8㎝ほどに切り揃える。

5の外側に**6**を少しずつずらして花びらのように次々と重ねていく。

10分間ほど蒸す(空蒸し)。蒸すことでお互いの花びらがくっついて形が決まる。

一番だし、塩、淡口醤油の地の中に立てて浸け、蒸し煮込みにして味を含ませる。

芋蛸南瓜《いもたこなんきん》
木の芽

子イモ
タコ
黒皮カボチャ（和種）
だし、味醂、砂糖、塩
淡口醤油
木ノ芽

1 子イモを含め煮にする（↓113頁）。
2 タコを塩でみがいてヌメリを取り、水洗いする。サッとゆがいて水に取る。脚を切り離して一口大に切り、酒、塩、淡口醤油の地でサッと炊き、地浸けする。
3 カボチャを木の葉にむき、霜降りをして冷水にとる。水気をふき取り、バットに入れる。だし、味醂、少量の砂糖、塩、淡口醤油を合わせた地を注ぎ入れる。ラップフィルムとアルミホイルを被せ、30分間ほど蒸し煮にする。
4 子イモ、タコ、カボチャを盛り、木ノ芽を添える。

南瓜の田舎煮

えびすカボチャ（洋種）
だし、砂糖
淡口醤油

1 カボチャを一口大に切る。霜降りしておか上げする。
2 カボチャを鍋に入れ、ひたひたのだしを張る。柔らかくなったら砂糖を入れて炊く。
3 しばらく炊いてから淡口醤油を入れて煮詰める。
4 軽くシャモジでかき混ぜ、煮くずれた状態で盛りつける。

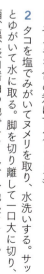

莢隠元

さやいんげん／マメ科インゲン属

本来はマメとして栽培されていたインゲンマメのサヤをマメが熟す前に食べるようになったもの。3度収穫できることから、関西地方では三度豆とも呼ばれている。

● 莢隠元の胡麻和え

サヤにスジがあるものはヘタをポキッと折って引きむいてから調理に入る。切り落とす場合はゆでてからでもよいが、生の時点で切るほうが切り口が美しい。冷たい地に浸けて味を含ませる方法もあるが、一旦煮立たせたほうが味がしみやすい。

サヤインゲン
浸し地（一番だし、少量の塩、淡口醤油、味醂）
白胡麻

1 サヤインゲンを以下のようにゆでて浸し地に浸けて味を含ませておく。

2 提供時に煎りたての白胡麻を半ずりにして和える。

【胡麻和え】

1 最近はスジのないものが多いが、ヘタ近くはかたいので折るか、切り取る。

2 胡麻和えにする場合は3〜4cmほどに切り揃える。

3 塩をまぶし、10分間ほど置いてなじませる。

4 沸騰した湯でゆでる。色鮮やかになり、適度に柔らかくなったら取り出す。

5 冷水に落として色止めをする。

6 浸し地の材料を合わせて熱し、5のサヤインゲンをサッと煮る。

7 サヤインゲンだけ引き上げ、うちわであおいで急冷する。これは色止めのため。

8 地のほうも鍋ごと氷水に浸けて冷ます。

9 冷ました地に7のサヤインゲンを浸けて味を含ませる。

すだち

すだち／ミカン科カンキツ属

徳島県の特産で、皮が緑色の段階で出荷される。酸味のある果汁を食酢として利用する。また釜に仕立てて料理を盛り込む。

スダチ釜のいろいろ

【菊釜】 スダチの大きさ、形を利用して菊のように切り込み、果肉を取って料理を盛る器にする。

【果汁の絞り方】 左は半分に切り、V字の切り込みを入れたもの。右は中心まで真っ直ぐに切り目を入れてその切り目まで果肉をすくい取って作る。いずれも種は取り除いておく。

【菊釜】

1 盛りつけが安定するように天地を少し切り落とすが、切りすぎると汁がしみ出る。

2 先の尖ったむきもの包丁か、柳刃の先を使う。手を切らないよう布巾などを巻く。

3 左手でスダチを押さえて安定させ、包丁を鉛筆のように握り、V字形に中心まで真っ直ぐ刃先を入れて1周切る。

4 上下2つに切れたスダチ。

5 くり抜き器で釜を潰さないように果肉を取る。

6 白いワタやスジが残るので、骨抜きを使っててていねいに取り除く。

胡瓜

きゅうり／キュウリ科キュウリ属

99％以上が水分で栄養価は低いが、歯切れのよさ、さわやかな口あたりを味わう野菜。サラダには欠かせないが、日本料理では刺身の妻などの飾り切りの素材になる。旬は6～8月だが、ハウス栽培で年中出回っている。

【板ずり】塩との摩擦で、キュウリの突起が取れ、色が鮮やかになる。すべての飾り切りに共通の下処理となる。

【笹打ち】刺身の妻やサラダ、塩もみして和え物に使う。種の部分は水分が多く、歯触りも悪いので、筒抜きやスプーンなどの丸い道具を使って種をえぐり取る。

【水玉胡瓜】種が大きくなっていない早採りを使う。水の輪に見立てた切り方で、刺身の妻などに使う。

【蛇腹胡瓜】必要に応じて切り分け、刺身のあしらいや酢の物、漬物などに使う。

【切り違い】もろきゅうや刺身の添えに使う。

【松】松の葉に見立てた。お祝い事の大盛りや姿盛りの刺身の妻などに使われる。

【板ずり】

1 まな板にキュウリを並べ、塩をふり、両手でころがすように塩をすり込む。

2 手で持って塩もみする。

3 塩を洗い流して水気をふき取る。

【笹打ち】

1 縦半分に切る。

2 筒抜きやスプーンなどを使って種をえぐり取る。

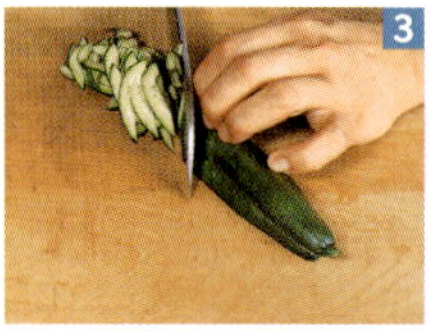

3 斜め薄切りにする。

4 水に浸ける。

【水玉胡瓜】

1 キュウリを5㎝ほどの長さに切って、表皮を粗くむく。

2 3周ほど桂むきをする。芯を切り離さないようにむく。

3 元の形に巻き戻す。

4 2～3㎜ほどの厚さの輪切りにする。切り終えたら水に落とす。

a. 笹打ち　**b.** 水玉胡瓜　**c.** 蛇腹胡瓜　**d.** 切り違い　**e.** 松

【松】

キュウリを縦半分に切る。

皮の部分に縦に2～3mmほどの深さの切り目を入れる。

包丁を寝かせて先の包丁目と直角に5mm間隔で浅くそぎ、交互にふり分ける。

【切り違い】

キュウリを8cmに切り、厚みと長さの中央に2～3cmほどの切り目を入れる。

横に置き、切り込みまで斜めに切り目を入れる。裏返して同じ角度で同様に切る。

2つに離して盛りつける。

【蛇腹胡瓜】

キュウリの両端を切り揃えて、切り口の周囲の皮をむき取る。

斜めに置いて包丁の切っ先をまな板にあて、半分まで細かく包丁目を入れる。

裏返して同様に斜めに包丁目を入れて軽くのばし、塩水に浸けてしんなりさせる。

白瓜

しろうり／ウリ科

メロンやマクワウリと同種で、かつては糠漬けや奈良漬けによく使われた。皮が薄いので、皮ごと生で食べることが多く、シャキッとした歯触りが持ち味。

調理のポイント

◎種やワタを残さないようにきれいに取り除く。

◎歯触りを損なわないように、加熱はごく短時間に止め、陰干しの場所や時間にも留意する。

【雷干し】 シロウリなどのウリ類を螺旋状に切り、陰干しで軽く水気を抜いて歯応えを出したものを雷干しという。切り分けて和え物や酢の物にする。

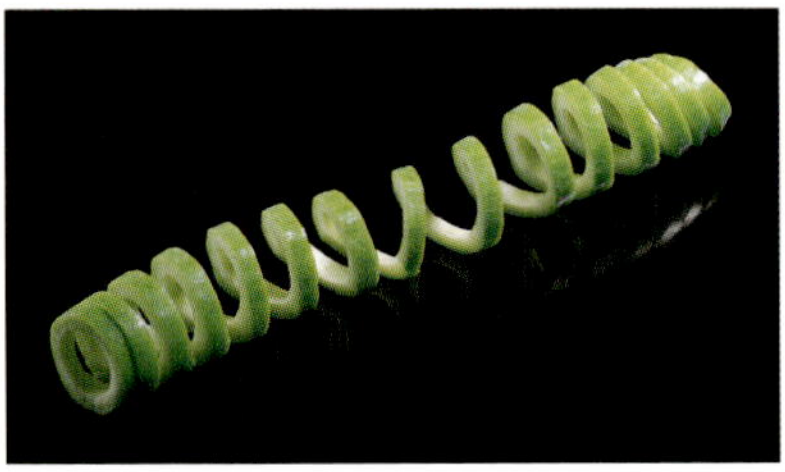

螺旋に切ったシロウリ

【雷干し】

1 シロウリに塩をまぶし、表面のうぶ毛のような細かな毛をこすり取る（塩みがき）。

2 流水で塩を洗い流す。

3 沸騰した湯に入れてすぐに引き上げ、冷水にとる。色出しが目的なので、手早く。

4 天地を落として、種を抜ける大きさの打ち抜きを選ぶ。

5 打ち抜きを回しながら入れ、芯を抜く。

6 竹串か箸を打ち抜いた穴に通す。これは包丁を入れた時に切り落とさないため。

7 真っ直ぐに包丁を落として5㎜幅に切り込みを入れる。

8 できた輪の中に柳刃包丁の切っ先を入れ、1つ先の輪から出して切る。

9 次々と切り離して1本の螺旋にし、切れているか確認しながら幅や形を整える。

10 昆布を入れた立て塩に20～30分間浸ける。

11 水気を取り、棒にかけて3～4時間陰干しする。乾きすぎると歯触りが失われる。

12 でき上がった雷干し。用途に応じて適当な長さに切り分ける。

● 白瓜のサーモン射込み
白木耳水晶寄せ
芥子酢

シロウリの種を抜いたところへスモークサーモンを射込んで輪切りにする。

シロウリ、スモークサーモン
白キクラゲ、昆布だし、塩、だし
酢、砂糖、板ゼラチン
芥子酢*（二杯酢、溶き芥子）

*二杯酢に溶き芥子を混ぜたもの。

1 シロウリを塩みがきして打ち抜きで種を抜く。
2 昆布だしに塩を入れ、**1**を入れて20〜30分間浸ける。
3 水気をふいて、棒状に切ったスモークサーモンを射込んで一口大に切る。
4 白キクラゲを水に浸けて戻し、石突きや汚れを取る。サッとゆがいて水に取り、食べやすい大きさに切る。
5 だしに塩、酢、砂糖で調味した地を温め、水で戻した板ゼラチンを入れて溶かし、流し缶に流す。**4**の白キクラゲを入れて冷やし固める。
6 器に芥子酢を流し、一口大に切り分けた**5**を**3**のシロウリに添える。

● 雷干しの芥子酢味噌和え
芽紫蘇

切り分けた雷干しを芥子酢味噌で和えた和え物。

シロウリ雷干し
芥子酢味噌**
（玉味噌、溶き芥子）
紫芽シソ

**玉味噌（↓42頁）に溶き芥子を合わせて火にかけて練ったもの。

1 雷干しを5cmに切り、芥子酢味噌で和える。盛りつけて天に紫芽シソを添える。

空豆

そらまめ／マメ科ソラマメ属

サヤが天に向かってなるので空豆の名がついたという。また蚕豆とも書くのは、サヤの形が蚕に似ているから。マメが3㎝ほどの大きさになる大粒種は一寸豆とも呼ばれている。

【塩蒸し】ソラマメの一番シンプルな食べ方は塩蒸しか塩ゆで。サヤから取り出してすぐに調理に入ると色が美しく保たれ、味もよい。包丁を使ってサヤをむくとマメを傷つける恐れがあるので手でむくこと。

【塩ゆで】皮ごとゆでる場合が多い。その場合も目を切り取るか切り目を入れてゆでる、いずれも塩がよくなじみ、後で皮をむきやすくするため。おか上げし、熱いうちに軽く塩をふる。

【塩蒸し】

1 サヤが曲がっている内側を押して割り、マメを取り出す。

2 爪を取る。

3 包丁の刃元でおはぐろと呼ばれる黒い目の部分に両側からV字に切り目を入れる。

4 目を切り取る。

5 食べる時に皮がむきやすいように切り目を入れる。

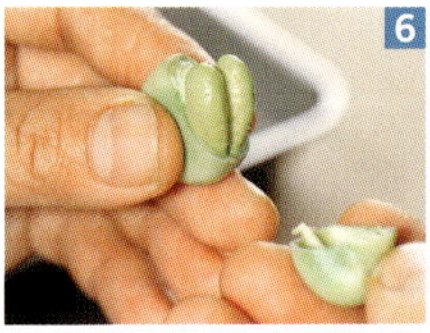

6 半分だけ皮をむき取る。

7 均一にまんべんなく塩があたるように30㎝上から塩をふる（尺塩という）。

8 蒸し器に入れて5～6分間を目安に蒸す。

9 取り出してうちわであおいで急冷し、色止めをする。

【蜜煮】

1 鍋に湯を沸かし、塩を入れる。

2 皮をむいたソラマメを霜降り程度にサッとゆがいて青くささをとる。

3 別鍋に氷砂糖を水で溶かして温める。ここに網杓子でソラマメを移す。

※急激な温度変化は煮くずれの原因になるので、同じ温度帯にして移す。

4 紙蓋をして踊らないように炊く。

5 火が通ったら鍋ごと氷水に浸けて急冷し、色の変化を防ぐ。

空豆の蜜煮
松露の旨煮

ソラマメ蜜煮
ショウロ
だし、塩、淡口醤油、味醂

1 ソラマメを蜜煮にする。
2 ショウロの汚れを刷毛でこすり、洗い流す。
3 すり鉢に入れ、塩をふってころがすようにして菌糸を取る。
4 塩や汚れを洗い流す。壊れやすいので両手でやさしく扱う。
5 ゆがいて水にとる。だしに塩、淡口醤油、味醂を加えて吸い地よりもやや濃い目に味をつけ、落し蓋をして煮含める。
6 ソラマメの蜜煮を盛り、ショウロを添える。

空豆の挟み揚げ
桜花移り香寄せ

ゆでたソラマメを2つに割り、クリームチーズを挟んで揚げる。

ソラマメ
クリームチーズ、黒コショウ
薄衣
塩漬けの桜花と葉
砂糖蜜（水400cc、砂糖60cc）
甘梅酢少量、パールアガー60g

1 ソラマメの皮をむいて2つに割り、バットに並べて2～3分間蒸す。取り出してうちわであおいで冷まして色止めする。
2 クリームチーズに黒コショウを混ぜて練る。
3 ソラマメに**2**を挟み、薄衣にくぐらせて揚げる。
4 桜花移り香寄せを作る。桜花と桜の葉をそれぞれ水に浸けて塩抜きし、桜花はガクをとって花びらだけにする。
5 砂糖蜜を煮溶かし、桜の葉2枚を入れて香りを移す。しばらくして葉を引き上げ、甘梅酢を少量、パールアガーを入れる。
6 流し缶に**5**を流し入れ、やや固まりかけたら**4**の桜の花びらを入れて冷やし固める。
7 切り分けてソラマメに添える。

冬瓜

とうがん／ウリ科トウガン属

夏に収穫されるのに「冬瓜」というのは、冷暗所に保存すれば冬まで食べられることから。90％以上が水分で、非常に淡白なため、含め煮やあんかけなど、外から味を補っておいしく仕上げる。

調理のポイント

◎皮の下の美しい緑色を損なわないように、ていねいな仕事を重ねていく。

◎下ゆでの段階で充分に火を通し、柔らかくしておく。ただしゆですぎると煮くずれしやすい。

【桂むき】 桂むきしたトウガンは、ものを巻いたり、せん切りにして使う。

【丸むき】 丸くくり抜いたトウガンを下ゆでしてから煮含め、炊合せなどに仕立てる。

【かんな冬瓜】 かんなで削ったように薄く切ったトウガンのことをいう。サッとじか炊きして椀物や煮物に使う。

【翡翠煮】 トウガンの皮の下は美しい緑色をしているので、白い果肉との対比が料理のアクセントとなる。しかしかなりかたい部分なので、色を保ちながら柔らかく火

【切り方】

包丁がすべらないように確実に刃を食い込ませて天地を切り落とす。

縦半分に切り、これをさらに4等分に切る。時には包丁の背を左手で押して切る。

さらに縦半分に切る。つぎつぎと半分に切り分けていく。

ワタを切り落とす。

身と種の境に沿って包丁を入れて取り残したワタをへぎ取る。

器の大きさや目的とする調理に合わせて均一に切り分ける。

緑色を生かすために、極力薄く皮をむく。峰でこそげ取るとざらついてしまう。

煮る場合は、煮くずれしないように角を切り取っておく（面取り）。

均一に火が入り味がしみるよう、皮側に細かく5㎜深さの包丁目を入れる。

【桂むき】

トウガンを4～5㎝の厚さの輪切りにし、幅を一定にする。

桂むきにする。

を通す工夫をする。

（写真上から）桂むき、丸むき、かんな冬瓜、煮物用

【かんな冬瓜】

トウガンを8つに割り、ワタと種を取って直方体に切る。

緑色を残して薄く皮をむく。

1mmほどの厚さの引き切りにする。

【丸むき】

かんな冬瓜**2**と同様に切り、緑色を残して丸くくり抜く。その後包丁で形を整える。

煮物椀　薄葛仕立

冬瓜翡翠煮
合鴨叩き　生姜

トウガンを翡翠煮に。
翡翠煮とはこの美しい色を
そのまま生かして
煮含める料理。

トウガン翡翠煮、アイガモ、塩
一番だし、塩、淡口醤油、吸い地、葛、ショウガ

1 トウガンを翡翠煮にする。
2 アイガモをへぎ切りにし、塩をあててゆでる。
3 一番だしに塩、淡口醤油で吸い地よりもやや濃いめの味をつけてアイガモをサッと炊く。
4 椀に温めた翡翠煮とアイガモを盛る。
5 吸い地に薄葛を引いて椀に盛り、おろしショウガを添える。

【翡翠煮】

1 切り方9を終えたトウガンの皮側に重曹と塩を置く。

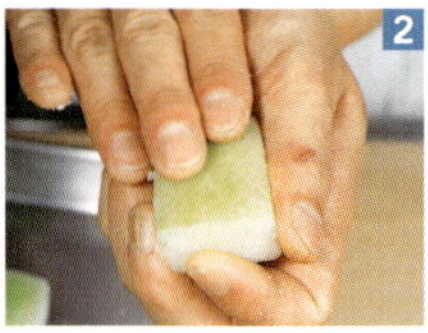

2 表面に重曹と塩をすり込む。

3 20分間おいてなじませる。色鮮やかに柔らかくゆでるために重曹と塩を用いる。

4 たっぷりの塩を入れた熱湯でこの段階でトウガンを柔らかくなるまで充分ゆでる。

5 湯が回るように紙蓋か落し蓋をしてゆでる。

6 トウガンを取り出し、冷水に落として色止めする。さらに流水で重曹や塩を洗う。

7 ゆで上がったトウガン。水分をていねいにふき取る。このあと、だし、淡口醤油、吸い地を合わせた地に入れて、強火で2～3分間炊き、鍋ごと氷水で冷やす。冷えたら鍋を引き上げ、そのまま半日以上おいて味を含ませる。

冬瓜奉書巻き

冬瓜あん　山葵

桂むきにしたトウガンの白い部分でウナギを巻いて椀種にし、緑色の部分をせん切りにしてあんに浮かべる。トウガンを色で使い分けて一つの椀に盛る趣向。

トウガン
ウナギの蒲焼き
吸い地（だし、淡口醤油、塩）
吉野あん（だし、淡口醤油、塩、葛）
ワサビ

【冬瓜奉書巻き】

1 桂むきした白い部分を10cmに切り、吸い地でじか炊きする。下ゆではしない。

2 ウナギを4～5cmの短冊に切って、地をきった**1**のトウガンで巻く。

3 桂むきした緑色の部分をせん切りにする。

4 塩をまぶす。

5 軽くもんでおく。

6 サッと熱湯でゆでて、冷水にとって色止めし、水気をよくきる。

7 吸い地に移し、一煮立ちさせて鍋ごと冷やす。

8 吉野あんをつくる。鍋にだし、淡口醤油、塩で地を仕立て、葛を溶き入れる。

9 **2**のウナギを盛って温め、**8**に**7**を入れて煮立てたあんをかけ、ワサビを添える。

煮物椀　清汁仕立
貝柱の糁薯
かんな冬瓜　車輪柚子

かんな冬瓜、浸け地（だし、塩、淡口醤油）
糁薯地（カイバシラ10、ハモのすり身3、ヤマイモ卵白、葛、昆布だし、塩、淡口醤油）
昆布だし
吸い地（一番だし、塩、淡口醤油、味醂）
ユズ

1 かんな冬瓜を作り、浸け地を煮立ててサッと煮て味を含ませる。
2 糁薯地を作る。カイバシラに3割のハモのすり身、すりおろしたヤマイモ、卵白、葛をすり合わせて昆布だしでのばし、塩、淡口醤油で味をつける。
3 昆布だしを煮立てて、糁薯地をすくい取って落とし、火を通す。
4 糁薯にバーナーで焼き目をつける。
5 椀に**4**の糁薯、トウガン、輪切りにして種を除いたユズを盛り、熱い吸い地を張る。吸い地には味醂を少量落としておく。

賀茂茄子

かもなす／ナス科ナス属

丸ナスの一種で、京都の上賀茂で作られてきた京野菜。果肉がキュッと締まって色白で、味もよい。形の面白さを生かして、煮物や焼物に仕上げる。

●賀茂茄子の田楽

叩き木の芽

田楽のポイントは、田楽味噌を塗る前にナスに火を通しておくこと。賀茂ナスは形が大きいこともあり、包丁目を入れ、串打ちして火の通りをよくし、かつ食べやすくしておくことが必要。

カモナス、揚げ油
白田楽味噌＊
（白味噌、砂糖、酒、卵黄、味醂だし、卵白）
木ノ芽

＊白味噌、砂糖、酒、卵黄、味醂を練り合わせたもの。ここではだしと卵白でのばし、柔らかくしておく。

【田楽】

1 天地を切り落とし、5cmの厚さに切り揃える。高い部分をへぎ、厚さを一定に。

2 柳刃にかえ、切っ先をかたい皮の内側に入れ、左手でナスを回しながら切る。

3 十文字に切り込みを入れて火通りをよくし、身をはずしやすくる。

4 3〜4本の金串を持ち、裏と表、側面にも串打ちして火通りをよくする。

5 170℃の油に入れ、徐々に温度を上げて、完全に火を通す。

6 揚げたままでは油っこいので、熱湯にサッと通して余分な油を洗って水分をふく。

7 白の田楽味噌をたっぷりと塗る。天火で焼き目をつけて叩き木ノ芽をふる。

賀茂茄子の翡翠煮
鯛味噌かけ

ナスの皮下のきれいな緑色を生かした煮物を翡翠煮という。より美しい色を引き出すためには、薄く皮をむくねじむきの手法や加熱方法、皮をむいた後の処理、味つけなど、全般に注意が必要である。とくに皮むきはアク止めをしながら進めること。

カモナス
地（だし、塩、淡口醤油）

鯛味噌（タイ、赤味噌、砂糖、味醂）

1 翡翠煮を作る。

2 鯛味噌を作る。タイの上身をゆで、小骨、血合いを取り、身をほぐす。

3 鍋に赤味噌、砂糖、味醂を合わせ、**2**を入れて火にかけ、時間をかけて練り合わせる。

4 翡翠煮を食べやすく切って盛り、鯛味噌をかける。

【翡翠煮】

1 カモナスの天地を切る。長ナスを使う場合はヘタのみを切り落とす。

2 断面に包丁をあて、ナスを左に回しながら包丁を手前に引いて薄く皮をむく。

3 アクがまわりやすく黒ずむので、時々塩水に浸けてアク止めをする。

4 水分をふいてからまたねじむきにかかる。

5 少しずつ薄くむく。包丁もアクで汚れるので、ぬれ布巾でふきながら進める。

6 ねじむきで薄く皮をむいたカモナス。

7 アク止めのためにしばらく明礬水に浸ける。空気に触れないよう紙蓋をかける。

8 ナスはゆでて水にとり、地でサッと煮立てて色を損なわないように鍋ごと冷ます。

賀茂茄子の釜
雲丹　海老　鴨丸　銀杏
吉野あん　ふり柚子

揚げたカモナスの釜に、蒸しウニ、カモ丸、エビ、ギンナンなどを盛り、吉野あんをかけ、すりおろしたユズをふる。

カモナス、揚げ油
ウニ、エビ
カモ丸
（カモ、塩、味噌、砂糖、ショウガの絞り汁）
昆布だし
ギンナン
吉野あん
（だし、塩、淡口醤油、少量の味醂、葛）
ユズ

1 カモナスの天地を切る。ナスの内側に丸い打ち抜き型を2㎝ほどさし入れて、くり抜き器で果肉をくり抜く。底を平に削り取る。
2 ナスの裏に十文字の切り目を入れる。皮の部分、くり抜いた部分、裏側など全体に串打ちして火を通りやすくする。
3 やや低めの150℃の油でゆっくり揚げる。くり抜いたナスの実も揚げる。
4 熱湯をかけて油抜きをする。
5 具を用意する。ウニをサッと蒸す。
6 エビの背ワタを抜き、のし串を打ってサッとゆで、殻をむく。
7 カモ肉をミンチにし、塩、味噌、砂糖を合わせ、ショウガの絞り汁を落として丸を作る。昆布だしを熱して落とし、丸に火を通す。
8 ギンナンの殻と皮をむいてゆで、天地を切り落とす。
9 カモナスの釜に蒸しウニ、エビ、カモ丸、ギンナンを盛る。
10 吉野あんを作る。だし、塩、淡口醤油、少量の味醂を合わせて熱し、葛を溶き入れる。
11 吉野あんを**9**の釜にかける。すりおろしたユズをふる。

茄子

なす／ナス科ナス属

原産地はインド。日本へは平安時代に中国から伝えられた。味は淡白で色つやもよく、日本人好みの野菜。実の形から長ナス、卵形ナス、丸ナス、小ナスなどに分けられる。千両ナスは中長ナス、カモナスは丸ナスの1種。

調理のポイント

◎アクがまわりやすい野菜なので、包丁を入れたらすぐに水に落とす。また包丁もアクで汚れるため、布巾でふきながら使うようにする。

【揚げ煮】ナスの紫紺色は水溶性で、長時間煮ると溶けて色が悪くなる。そのためまず油で揚げて油膜を作り、流出を防ぐ。しかしそれだけではなく、ナスと油の相性は抜群で、味も深くなるので、揚げたり炒めてから煮るというプロセスをたどることが多い。冷たいまま盛りつけるか、あるいは提供する直前に温める。

【揚げ煮】

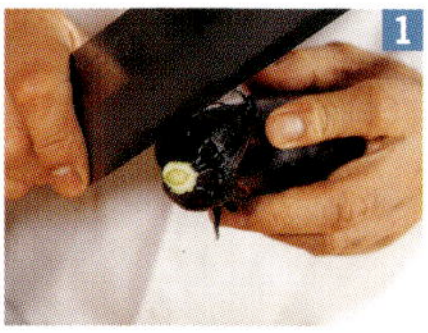
1 ガクの周りにぐるりと包丁目を入れて切り落とす。

2 ヘタを切り落とす。

3 縦半分に切って皮を上に向ける。

4 斜めに数mm間隔の細かい包丁目を入れ、反対からも同様に入れる（鹿の子）。

5 適当な大きさに切り分ける。食べる時、箸でも切れるため、半割りの状態でもよい。

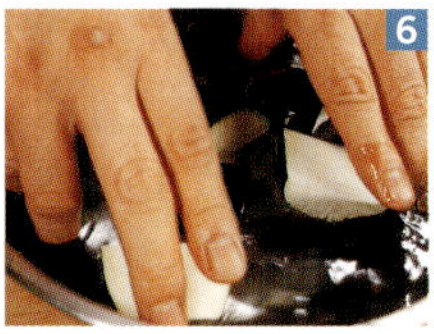
6 包丁目を入れたものから水に落とす。水でアクを洗い流す。

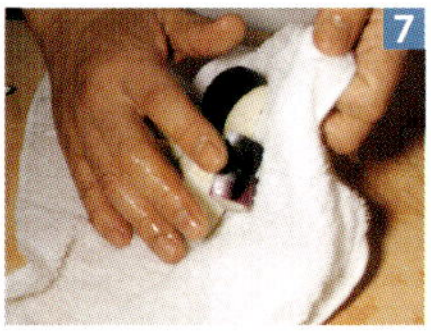
7 水気を布巾などでふき取る。

8 最初から高温ではこげるので、中温の油に皮を下にして入れ徐々に温度を上げる。

9 熱湯に入れて油抜きをし、おか上げして水分をふき取る。

10 だしに砂糖、味醂、濃口醤油で味をつけ、ナスをサッと炊く。煮くずれに注意。

11 ナスをおか上げし、うちわであおいで粗熱をとり、冷蔵庫で冷やす。

12 炊いた地が冷めたらナスを戻し、味を含ませる。

茄子揚げ煮

車海老沢煮　絹さや

木の芽

味を含めたナスは、冷たいままガラス器に涼しげに盛りつけた。

ナスの揚げ煮
クルマエビ、サヤエンドウ
だし、塩
淡口醤油、味醂、木ノ芽

1 ナスを揚げ煮にする。
2 クルマエビは背ワタを抜いて、殻ごとだし、酒、淡口醤油を合わせた地に入れてサッと煮る。
3 エビだけを引き上げ、地と別々に冷まし、冷めたら殻をむいて再び浸け込む。
4 サヤエンドウのスジを取ってせん切りにし、サッとゆでて冷水にとる。だし、淡口醤油、少量の味醂の地に浸す（↓44～45頁）。
5 ナスとエビ、サヤエンドウを盛り、木ノ芽を添える。

鯛のおかき揚げ

茶筅茄子

青とう

小ナスを茶筅に見立て、細かく縦に包丁目を入れて揚げ、キュッとひねって盛る。

タイ
片栗粉、卵白、アーモンド
小ナス
青トウガラシ
揚げ油

1 タイの切り身に片栗粉をまぶし、卵白にくぐらせて、くだいたアーモンドをつける。
2 160℃の油で揚げる。
3 小ナスを茶筅に切り、油で揚げる。
4 青トウガラシは串で数カ所穴を開けて同じ油で揚げる。
5 タイ、小ナス、青トウガラシを盛り合わせる。

茄子と烏賊の利久煮

ナスを油で揚げて皮をむき、その内側の緑色を生かして、胡麻の風味で煮る。

長ナス、揚げ油、イカ、胡麻油
だし、塩、味醂、淡口醤油、練り胡麻

1 長ナスはヘタを切り落として半分に切る。水気をふいて高めの温度の油で揚げる。

2 水にとって手早く皮をむく。すぐに取り出し、水っぽくならないようにラップフィルムで包んで冷水に落として芯まで冷ます。

3 イカの皮をむき、鹿の子に包丁してから短冊に切る。

4 フライパンに胡麻油を敷き、イカの表面だけを油焼きする。

5 だし、塩、少量の味醂、淡口醤油を合わせた地でイカとナスをサッと炊いておか上げする。

6 鍋の煮汁に練り胡麻を合わせ、味醂を加えてよく溶き混ぜる。

7 **6**を煮立てて**5**のナスとイカをサッと炊いて提供する。

防風

ぼうふう／セリ科ハマボウフウ属

海辺に自生する浜ボウフウの若芽。出回っているのは栽培種で、茎が紫赤色をしている。この色を大切に調理して、刺身の妻や和え物に。

【錨防風】 茎を裂くとクルッと丸くなるので、それを錨に見立てた。刺身の妻に。

【酢取り防風】 茎は赤く、葉は緑色に保つために別々に下ごしらえをする。茎は酢に浸けることで、一層鮮やかに発色する。

錨防風

【錨防風】

1 茎を5㎝に切り落とす。長めの木綿針を茎の溝の真ん中に突き刺し、葉の2㎝ほど下から真っ直ぐに引き下ろして裂く。左手の人差し指を茎の下にあてておくと安定する。

2 さらにそれを2つに裂き、4つに割る。

3 しばらく水に浸けておくと、クルッと丸くなる。

4 翌日まで保存する場合は、水気をふき取らずにキッチンペーパーとラップで包む。

5 **2**はガラス瓶に入れて冷蔵庫に保管してもよい。

【酢取り防風】

1 塩を入れた湯を沸騰させ、ボウフウの葉を持って、茎のほうだけを先にゆでる。

2 葉もサッとゆがき、色出しする。すぐに冷水に落として色止めする。

3 水気をきり、茎と葉を切り離す。

4 茎は甘酢に浸ける。葉は変色しないよう冷水に浸け、提供前に甘酢にくぐらせる。

実山椒

みざんしょう／ミカン科サンショウ属

春の若芽は木ノ芽、初夏の小花は花ザンショウ、それが実を結ぶと実ザンショウとなる。実ザンショウはピリッとした辛みが味にアクセントを与え、吸い口や香りのものとして使われる。

【佃煮】 実ザンショウを醤油味で佃煮のように煮しめたものを有馬煮と呼ぶ。かつて兵庫県の有馬がサンショウの名産地だったことによるらしい。強い刺激的な風味を、ゆでて水にさらすことを数回繰り返して和らげる。たっぷりの湯でゆで、常に対流している状態に保つ。また下ゆでした後、水にさらして適度に辛みを抜く作業を繰り返すことで、腐敗を防ぎ、味をしみ込みやすくしている。なお保存性を高めるために少量の酢を加えると効果がある。すぐに使いきる場合はだしを使ってもよい。

実山椒の佃煮

【佃煮】

1 実がついているぎりぎりのところを押さえて爪で軸をはずす。

2 たっぷりの水に実を入れ、アクを取りながら1時間コトコトと対流させて炊く。

3 ゆで上がったら実が流れないように巻き簾を被せ、細い流水で1時間さらす。

4 2～3を3～4回繰り返してから、ザルにとり、2分間ほど蒸して水気を取る。

5 うちわであおいで水分をとばす。

6 鍋に移し、地*をひたひたに注ぎ、弱火でコトコトと炊く。

7 汁気がなくなるまで煮詰める。

＊酒、濃口醤油、たまり醤油、少量の砂糖を合わせる。

鰻の有馬煮

ウナギはサンショウの佃煮（有馬煮）を入れて煮込み、ピリッとした風味を添える。
漬物に添えたり、お茶漬け用に使う。

【鰻の有馬煮】

1

白焼きのウナギを適当な大きさに切って竹皮を敷いた鍋に身を上に向けて並べる。

2

落し蓋をして軽い重石（水を入れた瓶）をし、酒3、水7で2時間白煮にする。

3

少量の砂糖、濃口醤油、たまり醤油、味醂で味をつける。

4

実ザンショウの佃煮を用意し、そのうちの3分の1ほどを出刃包丁できざむ。

5

ウナギを炊いている途中で**4**の実ザンショウを入れる。

6

落し蓋をしてウナギから出た味をウナギに戻すような感覚でコトコトと炊く。

7

地が少なくなったら、ウナギにかけながら煮詰める。香りがとぶので短時間で。

茗荷

みょうが／ショウガ科ショウガ属

日本特有の香味野菜。丸い形のものは夏から秋に葉の根元から芽を出し、白い花を咲かせる。これを花ミョウガとかミョウガの子と呼ぶ。棒状のものはミョウガタケといい、若い茎を軟化栽培した。さわやかな風味が持ち味。

【笹打ち】 ミョウガタケの赤い部分（鱗片）の縁はかたいし、変色しているので包丁を入れて切り取る。笹打ちは連続的に斜め切りに。刺身の妻にしたり、甘酢で和えて焼物に添える。

【まとい】 ミョウガタケを5㎝ほどに切り、3分の2を吹流しのように細かく引き切りにする。水に落とす時は、先だけを浸けてふり、開かせてから残りの部分を浸けると形がよくなる。両側に切り込みを入れるのも同様にする。

【せん切り】 花ミョウガを使い、ヘタなどのかたい部分を切り取り、1片ずつにはがす。これを数枚重ねてせん切りにする。刺身のけんやサラダ、和え物に使う。

【末広】 花ミョウガを使い、半分に切って先のほうに引き切りで切り目を入れる。甘酢に浸けてしんなりさせ、

【笹打ち】

ミョウガタケのかたい縁に切り目を入れる。

かたい部分を取り除く。

先を切り落とす。

【まとい】

ミョウガタケを5㎝に切る（棒ミョウガ）。

端を切り落とさないよう、3分の2に細かく縦に引き切りにする。

先だけを冷水に浸けてふるとくるりと巻いて開く。

連続的に斜め切りにする。

水に落とす。使用する時は水気をきる。

【せん切り】

花ミョウガのヘタを切り落とす。

鱗片を1枚ずつはがす。

3～4枚重ねる。

末広に広げる。焼物や煮物に添える。

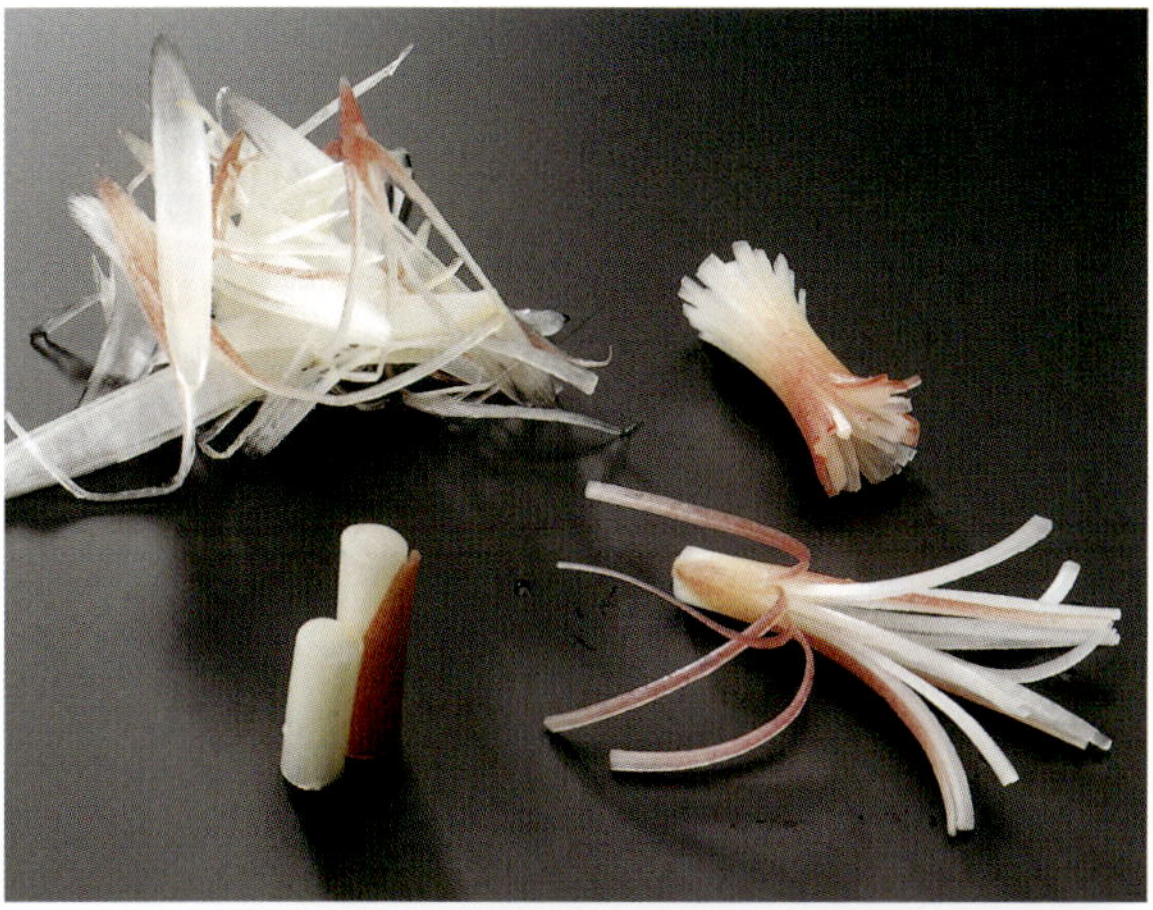

（写真上）笹打ち、棒ミョウガ、まとい2種
（写真下）いろいろな切り方。左端がせん切り、右端が末広

せん切りにする。

【末広】

花ミョウガを縦半分に切る。

切り口をまな板につけて、引き切りで数本包丁目を入れる。

酢取り茗荷

サッと塩ゆですることで、甘酢に浸けた時に色がより鮮やかに出て、歯触りもよくなる。

ミョウガタケ、塩
甘酢
（水4〜5、酢1、砂糖適量）

1 下ごしらえしたミョウガを切り分け、30秒ぐらい塩水でゆがく。

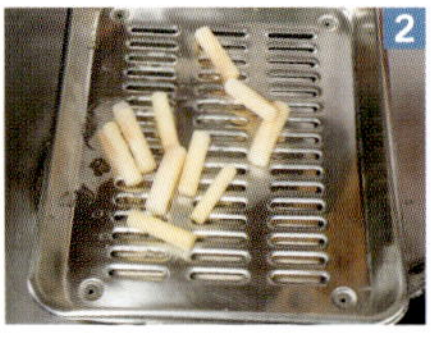

2 おか上げする。

3 塩をふり、粗熱をとる。

4 甘酢を作り、粗熱がとれたらミョウガを浸ける。

【秋】

芋茎

ずいき／サトイモ科サトイモ属

サトイモの一種でえぐみの少ないヤツガシラやカライモの葉柄。白いものは、土寄せしたり軟化させたもので白ズイキという。緑のものはハスイモと呼ばれるズイキ専用の品種で、乾燥させて芋柄（イモガラ）として出荷されることが多い。

調理のポイント

◎真っ直ぐで太いものを選ぶ。

◎傷がつくと、その部分がアクで変色するので、扱いに注意。包丁をふきながら手早く下ごしらえをし、酢水に浸けてアク止めする。

◎皮とスジをていねいに取り除く。

◎持ち味が淡白なので、外からしっかりした味を含ませる。9割がだしの味。

◎ハスイモ（青ズイキ）は白ズイキよりもコシが強いので歯触りを生かした料理に。

【アク抜き】 ズイキはアクが強いので、大根おろしとタカノツメ（赤トウガラシ）を入れてゆでる。独特の歯触りを損なわないようにゆで加減に注意する。ハスイモの下ごしらえも同様だが、色がとぶので酢水には浸けない。

【アク抜き】

葉柄（巻き込んでいるもの）が1枚ずつはがれるところで根元を切り落とす。

1枚ずつ葉柄をはがし取っていく。

葉柄の内側には土や汚れがついている場合が多いので、流水でていねいに洗い流す。

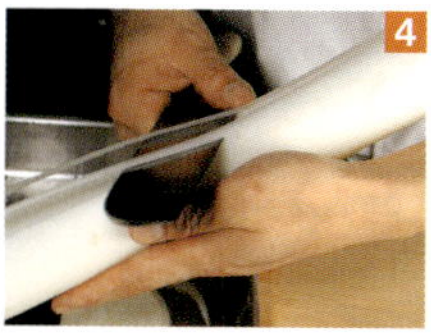

葉柄の両端の薄い部分を包丁をすべらせながら切り取る。

端に包丁の刃を引っかけて、手前に引き薄皮をむく。反対側からも残らずむき取る。

取り残したスジもていねいに取り除く。

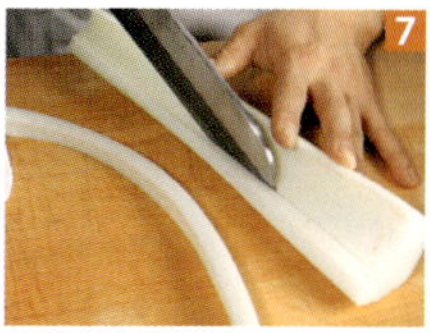

まな板の上に置き、包丁を手前に引くようにして目的の幅に切る。

真ん中の芯の部分は茎状になっているので、へいで他と同じ太さにする。

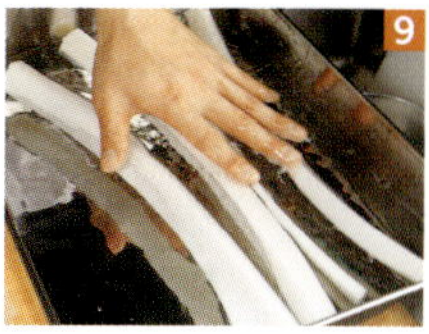

塩を入れた酢水に順に浸けて、アクを止め、少ししんなりさせて割れを防ぐ。

● 煮物椀

あこう　梅肉

蓮芋　木の芽

ハスイモを煮浸しにしてさわやかな緑色を引き出し、白いアコウの天に盛りつけた。

アコウ、塩、葛、昆布だし

ハスイモ、だし、塩、淡口醤油、吸い地、梅肉、木ノ芽

1 アコウは上身にして骨切りし、薄塩をあてて葛をまぶす。昆布だしを煮立ててアコウを落とし、身を開かせる。

2 ハスイモを掃除し、細く切る。サッとゆがいて水に落とし、だし、塩、淡口醤油で仕立てた地に浸ける。

3 椀にアコウを盛り、ハスイモを添える。熱い吸い地を張って、梅肉と木ノ芽を添える。

10 鍋にたっぷりの水を用意し、大根おろしを入れ、タカノツメを2～3本入れる。

11 沸いたらズイキを入れる。

12 落し蓋をし、サッとゆでる。

13 ズイキをおか上げし、そのまま冷ます。その後、流水で大根おろしを洗う。

14 水の中で目的に応じて太さを揃え、太い場合は細く切る。5～6本ずつまとめる。

15 布巾で水気をふき取り、片方の端を竹の皮で縛る。美しい盛りつけに必須の作業。

【煮含める】アク抜きしたズイキを一番だし、塩、淡口醤油、味醂少量の地でサッと煮含める。味をよく含ませたい場合は、新しい地を仕立てて浸ける（2度浸け）。煮含めたズイキは、炊合せに盛りつけたり、和え物に仕立てる。

【煮含める】

1 一番だし、塩、淡口醤油、味醂少量の地でズイキの歯触りが残るようサッと炊く。

2 おか上げし、うちわで急いで冷ます。これも余分な熱を加えないため。

3 地も別に冷まして、ズイキを戻し、味を含ませる。

冷やし炊合せ

芋茎煮浸し
海老黄身煮　オクラ
ふり柚子

煮浸しにして味を含ませたズイキを冷やして、エビの黄身煮やオクラとともに盛りつける。

ズイキの煮含め
車エビ、小麦粉、卵黄
昆布だし
オクラ
だし、酒、味醂、淡口醤油
ユズ

1 ズイキは味を煮含める。
2 車エビは頭と殻をむき、背ワタを抜く。小麦粉をまぶして溶いた卵黄をつける。
3 昆布だしを煮立てて、2のエビを入れて表面の卵黄のみを固めるように火を通す。
4 だしに5割の酒を合わせ、味醂、淡口醤油で味をつけた地で卵黄衣のエビをサッと炊く。
5 オクラは掃除してゆで、水に落とす。水気をふき取り、だし、淡口醤油、少量の味醂の地でサッと炊き、おか上げする。
6 オクラと地を別々に冷まし、再び浸け込んで味を含ませる。
7 ズイキ、車エビ、オクラを盛り合わせ、すりおろしたユズをふる。

里芋

さといも／サトイモ科

縄文時代に日本に渡来したという古い根菜。茎が肥大したもので株の中心の親イモに子イモや孫イモがつく。親イモを食べる品種、子イモや孫イモを食べる品種、両方を食べる品種に分かれる。姿のまま使うのは「土垂（どだれ）」「石川子芋」などの子イモ、孫イモのタイプ。

調理のポイント

◎土つきで褐色の毛がみずみずしいものを選ぶ。

◎ヌメリが残っていると、色が悪くなり味も落ちるので、塩や酢水でていねいに取り除く。

◎煮くずれしやすいので面取りなどの包丁、火加減に注意する。

【六方むき】子イモを煮含める場合の姿のよい代表的なむき方。側面を6面にむき取るのでこう呼ばれる。高さを一定に揃え、角が立つように一気にむくことが大切。新鮮な子イモならば乾いた布巾でこすれば皮がむける。丸のまま料理する時はこのほうが早い。

六方むき

【六方むき】

1 タワシで土を洗い流し、水分をふき取る。両端（天地）を切り落とす。

2 天地が平行に、高さが一定になるように切り口をへぐ。へぐとつやもよくなる。

3 6分の1幅を目安に膨らみに沿って一息でむく。次にその対面をむくと形が揃う。

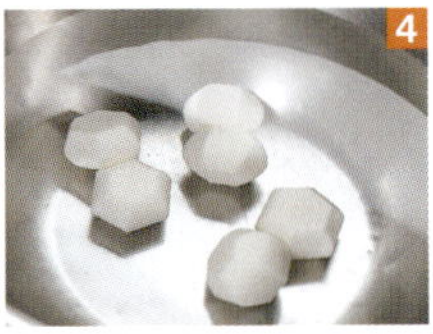

4 むいたらすぐに酢水に落とす。アクがまわるのを防ぎ、白く仕上げるため。

5 むき終えたら塩と酢をふりかけ、手でもんでまぶす。これはヌメリを取るため。

6 ヌメリ、塩、酢を流水で洗い流す。

7 新鮮な子イモならば乾いた布巾で皮をこすり取ることができる。

子芋含め煮

ふり柚子

子イモにだしの味を含ませ、白くふっくらと炊き上げる方法。できるだけ醤油の色が染みないようにだしと塩で味を決める。柔らかくゆでた後は、くずれやすいので両手でそっと扱う。

【含め煮】

子イモを白く煮上げるために、まず米の研ぎ汁に入れて落し蓋をしてゆでる。

竹串でゆで加減をみる。串がスッと通るような柔らかさになるまでゆでる。

研ぎ汁の糠臭さを抜くために流水で静かに洗う。

再度真水に入れてサッとゆで直す。これを清湯（きよゆ）または湯替えという。

煮汁を用意する。一番だしに塩、少量の砂糖を加える。下ゆでした子イモを入れる。

中火から弱火で炊き、途中で少量の淡口醤油を落とす。

踊らないような火加減でコトコトと煮て、火を止め、そのまま冷ます。

石垣子芋

雲丹風味

乱切り、あるいは六方むきにした子イモを含め煮にする。これを練りウニを混ぜたすり身に散らして蒸し上げる。切った断面が石垣のようなので石垣子芋と呼ばれる。

子イモの含め煮
練りウニ、すり身
淡口醤油、味醂

1 子イモは皮をむき、乱切りにして含め煮にする。
2 練りウニにすり身を混ぜ、少量の淡口醤油と味醂で味を調え、ウニ風味のすり身を作る。
3 流し缶に**2**のすり身を敷き詰め、煮含めた子イモを混ぜる。子イモとすり身の割合は7対3程度。バランスよく子イモが散るようにする。
4 蒸し器に入れて20～30分間蒸す。
5 食べやすい大きさの四角に切って盛りつける。

子芋の五色香煎まぶし

黒胡麻　明太子
けしの実　煎り玉　青海苔

衣かつぎを作って皮を取り除き、いろいろな味の香煎をまぶした料理。彩りよく、中身が見えないところがミソ。

衣かつぎ、明太子
黒胡麻、けしの実、煎り玉、青海苔

1 明太子を焼いてほぐし、パラパラに煎る。
2 黒胡麻は煎って半ずりにする。けしの実は煎る。
3 煎り玉は、卵黄だけを練って固まったら裏漉しに2回ほどかけ、湯煎にかけて煎る。
4 青海苔はサッとあぶり、すり鉢ですってパラパラにする。羽二重漉しでふるう。
5 衣かつぎの皮をむいて、1～4をまぶして盛りつける。

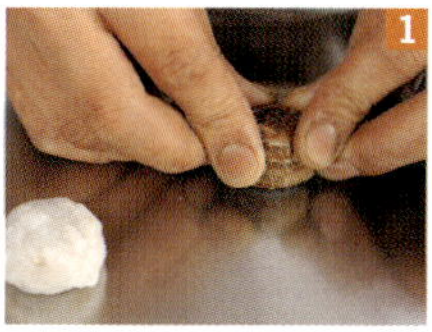

衣かつぎの皮をむく。

皮をむいた子イモ。

香煎をまぶす。写真は明太子香煎。

衣かつぎ

皮をつまむとスルッとむける。皮を衣に見立て、古代の女性が衣をかぶって顔を隠したのにちなんで「衣かつぎ」と呼ばれている。芋名月にはこれが三方に盛られる。

子イモ
塩

1 親イモについていた側を少し切り落とす。
2 蒸し器で蒸し上げる。
3 上がりに塩をふる。

馬鈴薯

ばれいしょ／ナス科ナス属

作物学上は馬鈴薯。通称はジャガイモ。男爵とメークインが2大主流品種。丸くて、粉質でホクホクしているのが男爵。マッシュポテトやサラダに。長い形がメークイン。身質が緻密で煮くずれしにくいので煮込み料理や炒め物に。写真は男爵。

調理のポイント

◎芽にはソラニンという有毒物質があるので、芽をていねいに取り除くこと。成長して紫色になっているのは要注意。

◎切り口が空気に触れると褐変しやすい。切ったらすぐに水に落とす。

【皮のむき方】 樽形にむくと、手早くむけて、後でいろいろに利用しやすい。メークインでも同様に。

【形に抜く】 ジャガイモやサツマイモ、カボチャなどは身質が緻密なので、いろいろな形に抜いて揚げ、煎餅にするのに適している。

【着色】 形に抜いたジャガイモに秋らしい彩色を施す。美しく、より自然な感じに仕上げるために、色の配合を工夫する。なお色粉は説明書に従って水で溶くこと。

【皮のむき方】

1 長いほうを天地とし、両端を切り落とす。

2 左手で天地を挟んで持ち、右から左端に向かって一気に皮をむく。

3 包丁の刃元で芽をえぐり取る。皮をむいて穴の深さがわかってから芽を取る。

【形に抜く】

紅葉と桜花

1 天地を切り落とし、3cmほどに切る。

2 抜き型（紅葉）をジャガイモの断面にあて、真っ直ぐに上から押して抜き取る。

3 上面を水平にしてから、1mm程度の厚さにへいでいく。

4 へいだものから流水に落とす。流水でデンプンを洗って水気をふき、油で揚げる。

【着色】

1 色粉を水で溶く。色水のボウルは、ほかのものを汚さないようにバットに置く。

2 緑色は黄色に少量の緑を混ぜる。単色で仕上げるよりも色が柔らかく深くなる。

3 デンプンを洗い、水分をふいたジャガイモを1枚ずつ重ねないように1時間浸す。

鯛の空揚げ

青とう　桜花

タイ、塩、片栗粉
揚げ油
青トウガラシ
ジャガイモ桜花

1 タイの上身を切り身にする。薄塩をあてて片栗粉をまぶす。
2 170〜180℃の油で揚げる。
3 青トウガラシのヘタを切り落とし、種を抜いて空揚げにする。
4 タイと青トウガラシを盛り、桜花に見立てたジャガイモを散らす。

4 同様に黄色に染めたジャガイモを引き上げ、キッチンペーパーに広げる。

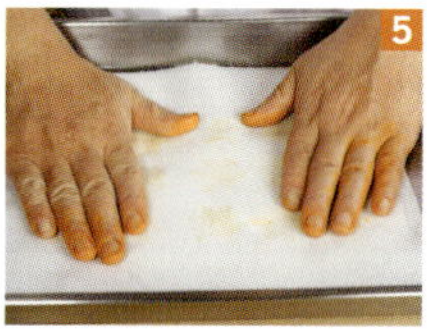

5 表面が少し染み込み乾いたら、ペーパーの上から軽く押さえて余分な水分を取る。

6 部分的に赤で彩色する。

7 160〜170℃の油に入れ、水分をとばしながら揚げる。

8 油温が上がり、泡が出なくなったら取り出す。一瞬でこげるのでタイミングに注意。

雲丹ひらめ巻き
黒胡椒まぶし
紅葉

錦秋。
華やかに野山を彩る紅葉や楓。
せめて一品にと工夫の細工で写し取った
器の上の秋。
演出の技。

ウニ、ヒラメ、塩
卵白、黒胡麻
揚げ油
ジャガイモ紅葉

1 ヒラメの上身をへぎ造りにし、薄塩をあてる。
2 生ウニをヒラメで巻く。
3 溶いた卵白にくぐらせて黒胡麻をまぶす。
4 170〜180℃の揚げ油で揚げる。
5 ひらめ巻きを盛りつけて、紅葉に見立てたジャガイモを散らす。

屯田餅《とんでんもち》

油目の空揚げ　軸三つ葉
鼈甲あん　芥子

ジャガイモをすりおろし、
茶巾に絞って揚げる。
ジャガイモの主産地が北海道なので、
それにちなんで屯田餅と名づけた。

ジャガイモ、塩、淡口醤油
油目(アイナメ)、塩、揚げ油
鼈甲あん(だし、塩、味醂、濃口醤油、葛)
軸三ツ葉、芥子

1 ジャガイモの皮をむき、細かい目のおろし金ですりおろし、布巾で漉して絞る。
2 絞った水分をそのまま20分間静置してデンプンを沈殿させる。上澄みを捨て、デンプンを取る。
3 このデンプンに絞ったジャガイモを混ぜ合わせる。かたい場合は少量の水を足す。
4 鍋に移し、塩と淡口醤油で味をつけて透明感が出るまで火にかけて練る。
5 茶碗にラップフィルムを敷き、**4**をのせて茶巾に絞る。氷水に落として冷やし固める。
6 固まったらラップを取り、油で揚げる。
7 アブラメを上身にし、二枚落とし(途中まで包丁目を入れて次の包丁で切り落とす)にし、塩をあてる。油で揚げる。
8 だし、塩、味醂、濃口醤油を合わせて熱し、葛をひいて鼈甲あんを作る。
9 屯田餅とアブラメを盛り、鼈甲あんをかけ、軸三ツ葉、芥子を添える。

栗

くり／ブナ科クリ属

沖縄を除く全国で栽培されている。丹波グリは特定の品種名でなく、丹波や隣接の摂津で栽培されたクリが大粒だったので大粒グリの代名詞となった。大粒グリの代表が銀寄（ぎんよせ）。収穫時期がおそい晩生種が一般に渋皮が厚く、果肉がしっかりしている。

調理のポイント

◎蜜煮、渋皮煮は、クリの形、鮮度、糖分などの品質ができ上がりに大きく影響する。色が濃く、つやがあり、実が張っていて重量感のあるものを選ぶ。

◎皮をむく前に一晩水に浸けておくとむきやすくなる。

【皮むき】鬼皮をむく前に一晩水に浸けておくと皮がむきやすくなる。鬼皮をむくのには出刃包丁を使う。包丁をすべらして手や実を傷つけないように注意し、面はなめらかに、角はきっちりと立てる。

【旨煮】クチナシの実は、クリによりクリらしい鮮やかな山吹

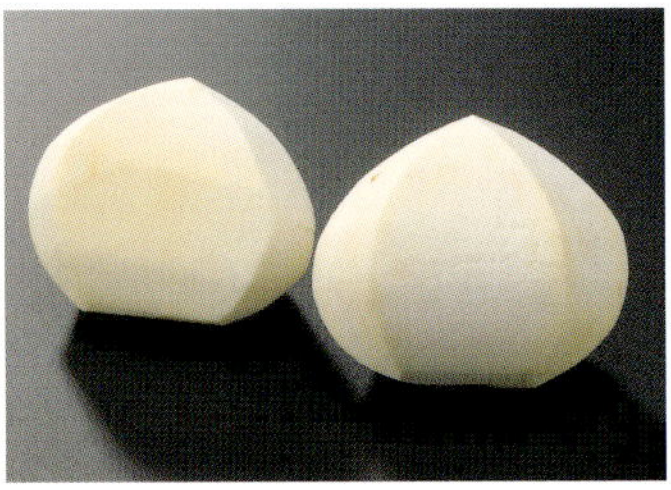

皮をむいたクリ

【皮むき】

1 下の平らな部分（座）の端に出刃包丁の刃元で浅く切り目を入れる。

2 切り目を刃元で引っかけ、鬼皮を親指で包丁に押しつけ、引っ張り上げてむく。

3 残っている座の部分に目打ちを差し込み、引きはがす。

4 座を薄く平らに切り落とす。1度に切ると割れる恐れがあるので、数回に分ける。

5 渋皮をむき始めるのはふくらみのある側から。この面を5面にむく。

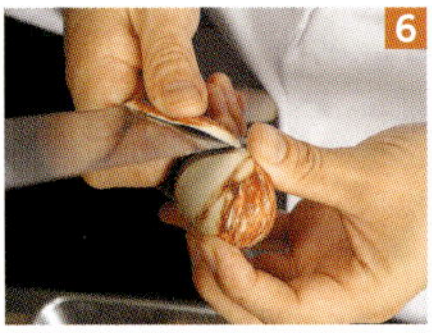

6 切り取った座のほうから先端に向かって、ふくらみに沿って一息でむいていく。

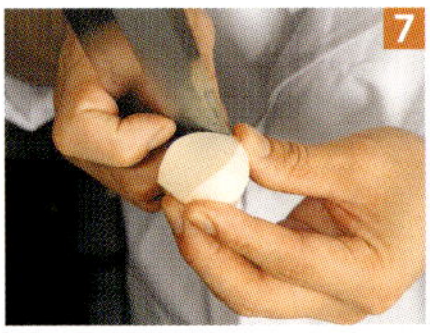

7 平らな側は1面にむく。

【旨煮】

1 山吹色をつけるために、クチナシの実を用意する。

2 水1.8リットルを火にかけ、クチナシの実3～4個を細かく割って入れる。

3 10～20分間ほど煮て色を出す。

色をつけるために使う。苦みが残るので、色づけした後はよくさらすこと。色も自然な感じに落ち着いてくる。ただしさらしすぎるとクリの持ち味まで失われるので注意する。クリの代表的な料理の蜜煮も同様に下煮してから蜜煮にする。

※煮含める時は紙蓋をして、地が少なくなったらだしを足しながら味を調えて煮含める。
※強火で炊くとクリが割れやすい。

【渋皮煮】 渋皮をつけたまま蜜煮にする渋皮煮もクリの代表的な料理。ほろりとくずれるほど柔らかいクリを渋皮1枚で護っているような感じに炊き上げる。

4 布で漉して、クチナシの実を取り除き、皮をむいたクリを色がつくまでゆでる。

5 沸騰したら弱火にして30分間ゆで、目的の色よりやや濃いめにつけておく。

6 流水に30分間ほどさらし、クチナシの苦みを抜き、色を落として自然な色に戻す。

7 布かキッチンペーパーで水分をふき取る。

8 バットにクリを並べ、バーナーで焼き目をつける。

9 薄味をつけた地にクリを入れて火にかけ、コトコトと1時間ほど煮含める。

【渋皮煮】

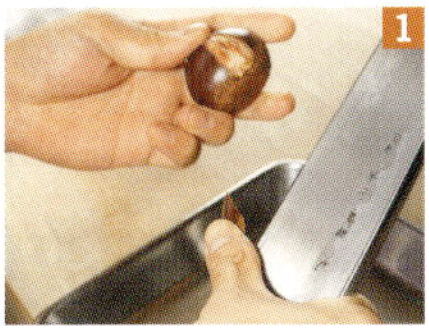
1 座の端に包丁を入れ、渋皮を傷つけないように鬼皮を引っ張ってむく。座も同様。

2 白いスジや鬼皮の残りなどを布巾でこすり取る。

3 塩と重曹小さじ1杯程度をふる。

4 重曹と塩を全体にまぶす。これは渋とアクを取るためである。

5 クリをボウルに入れ、熱湯をかける。

6 ラップフィルムをかぶせる。

7 その上にアルミホイルをかぶせて保温密閉し、自然に冷ます。

8 一晩置くと、渋やアクが溶け出て茶色になる。渋が強ければ3〜8を繰り返す。

9 残っているスジが浮いてくるので竹串で取り除き、薄い皮などもこそげ取る。

10 掃除を終えたクリ。

11 最後に新しい水でゆで直して重曹や渋を抜く。色が濁ったら澄むまで水でさらす。

12 水気をふき取り、中蜜(→123頁)で煮る。

13 紙蓋をし、1割ほど煮詰めて火を止め、そのまま冷ます。

【栗煎餅】

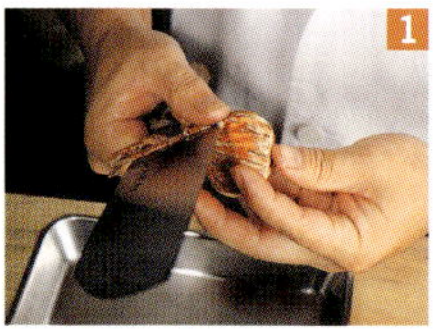

1 鬼皮を取り、渋皮をできるだけ薄くむき取る。

2 へぐ時に安定するように平らな側を平面に切っておく。2mm程度にへぐ。

3 流水にさらし、デンプン質、アクを抜く。しっかり抜くとクリの甘みが生きる。

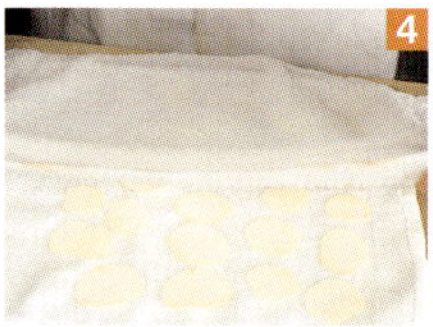

4 布巾に挟み、水気をしっかり取る。

5 ぬき板の上に並べ、表面を乾かす。水分を充分に取っておくとカリッと揚がる。

6 160℃程度の低温の油に入れ、180℃まで温度を上げていく。

7 アワが消え、クリが沈み始めたら網ですくう。揚げすぎると余熱でこげてしまう。

8 天ぷらの敷紙(天紙)を短冊に切り、クリに混ぜて紙に余分な油を吸い取らせる。

栗煎餅

鬼皮、渋皮をむいたクリを薄くへいで素揚げにする。流水でアクを洗い流し、水分をしっかり取っておくことでカリッと揚がる。揚げすぎると、余熱でこげてしまうので注意する。

クリ
揚げ油

焼き栗の旨煮 渋皮煮

焼き栗の旨煮と渋皮煮の盛り合わせ。栗の蜜煮を作る時は、焼き目をつけず、中蜜で煮含める。また渋皮煮をより甘く仕上げるには、冷ました蜜地に200〜300gの砂糖を加えてさらに煮含めるとよい。

焼き栗の旨煮
クリ、水1・8リットル、クチナシの実3〜4個
地（だし、淡口醤油、味醂、塩）
渋皮煮
クリ、重曹、塩、中蜜（水1・8リットル、砂糖600g）

蓮根

レンコン／スイレン科ハス属

夏になると池に咲く蓮の花の地下茎。細長く茶色がかった在来種と、明治初期に伝来し、現在は主流となっている、ふっくらした中国種がある。在来種は粘りがあり、すりおろして団子や蒸し物にするのに適し、中国種はシャキッとした歯応えがあるので、酢の物や揚げ物に。旬は晩秋から冬だが、新レンコンは5月から出回る。

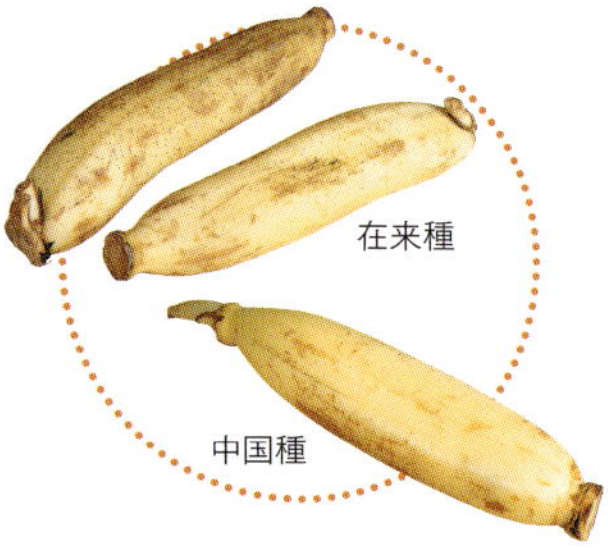

調理のポイント

◎料理によって在来種と中国種の使い分けをする。アクがまわりやすいので、包丁をふきながら仕事を進め、切ったらすぐ酢水に落とす。ただし長く浸けすぎると風味を損なう。30分間前後を目安に。

◎シャキッとした歯応えを求める場合は、火の通し加減に注意する。

【花蓮根】 レンコンの穴にそって皮をむくと花形になる。煮物や甘酢に浸けて焼物の添えに。

【雪輪蓮根・矢車蓮根】 レンコンの穴まで縁を切り落とすと雪輪や矢車の形になる。甘酢に浸けて料理の添えに。

【蛇籠蓮根】 円筒形に編んだ竹の籠に石を詰めて河原や堰堤に置いて洪水を防いだものを蛇籠という。この形

a. 花蓮根
b. 矢羽根蓮根
c. 矢車蓮根
d. 雪輪蓮根
e. 蛇籠蓮根

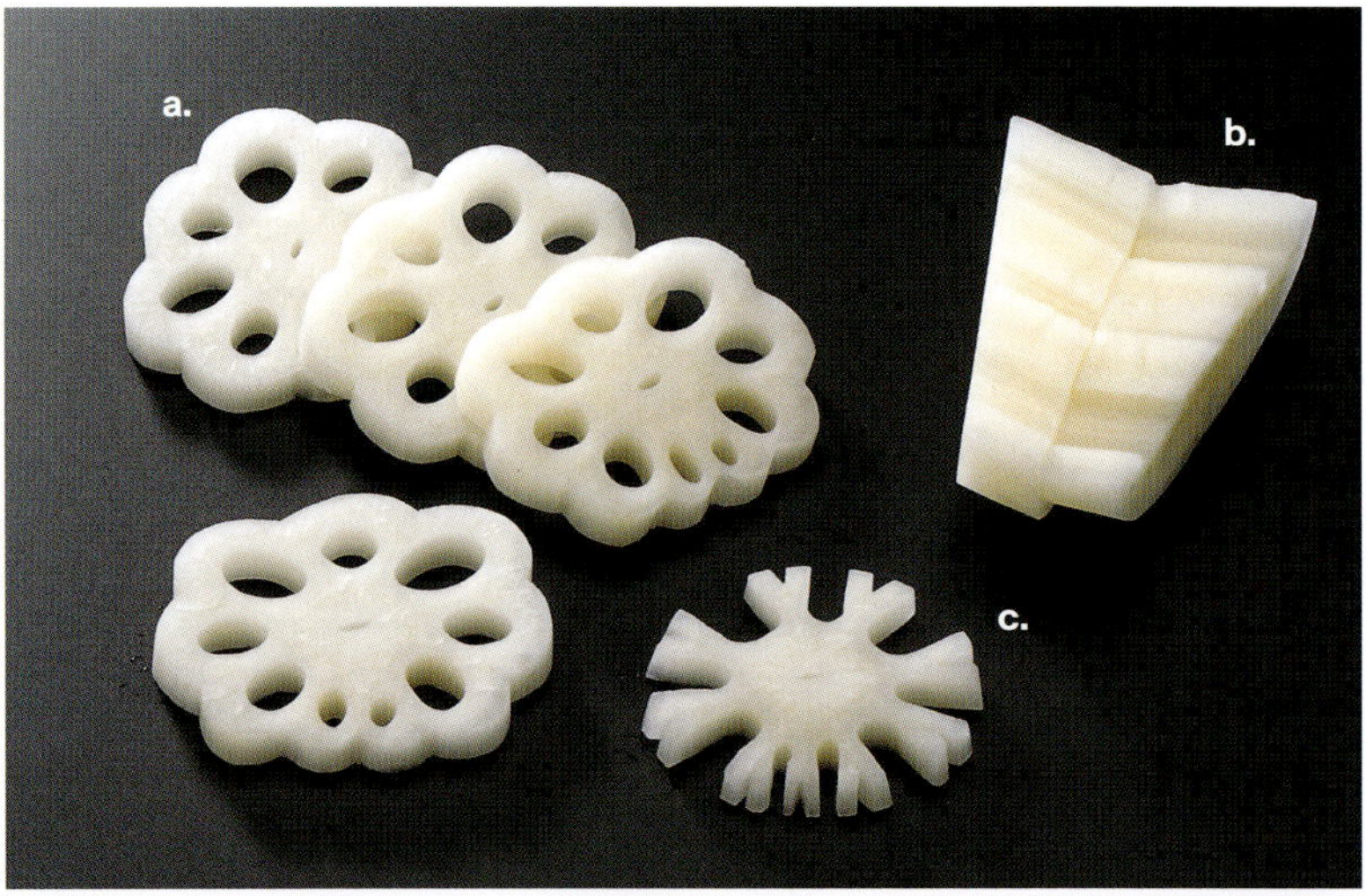

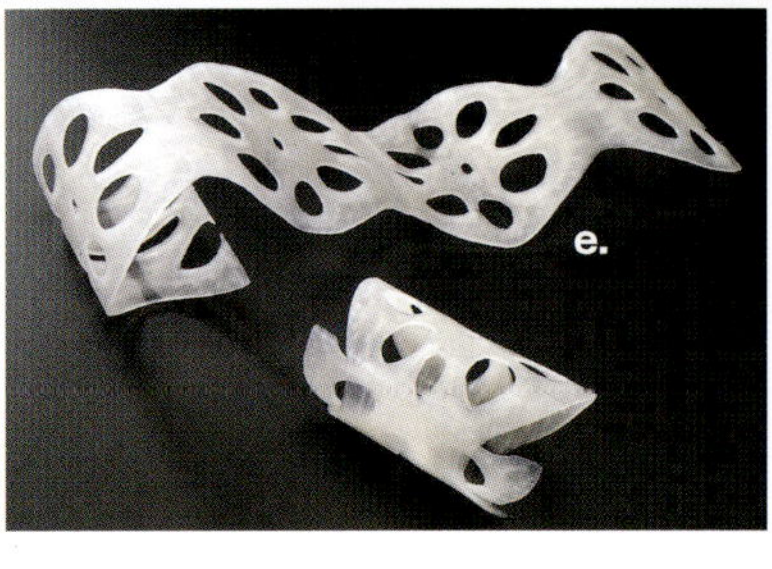

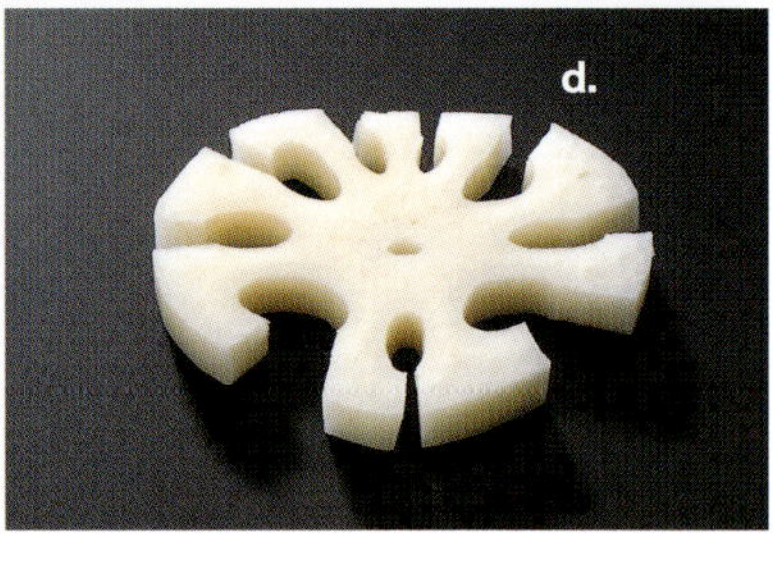

を模したむきもの。半月切りにして桂むきにすると、穴の出方が微妙に異なり、おもしろい表情が出る。甘酢に浸けてそのまま巻いたり、また他の料理を巻いたりする時に使う。涼しげな印象で夏の季節感を表し、八寸の一品にも使う。

【矢羽根蓮根】 矢羽根の形に見立てたむきもので、料理には甘酢に浸けたり炊いたりして、5月の節句の献立に使う。

【酢蓮根】 レンコンの料理のもっとも基本的な仕事。シャリッとした歯応えが大切なのでゆですぎないこと。ゆで時間は厚さによるが、目安としては1分間以内で。

※甘酢は水3・5に対して酢1、砂糖1を合わせ、煮立てて冷ましたもの。
※薄味に仕上げる場合は、二度浸けすると水っぽくならない。

【蓮根豆腐】 在来種かひねの粘りのあるレンコンを使う。流し缶に流したり、茶巾に絞るなどいろいろな形で蒸し上げ、秋口から寒い冬まで、熱々の蓋物として提供する。

【蛇籠蓮根】

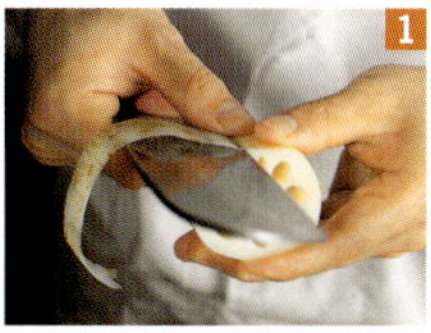

レンコンを5cm幅の輪切りにして皮をむく。

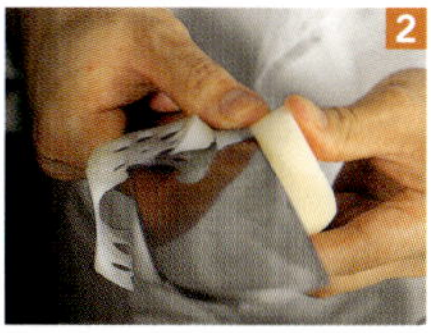

両切り口（天地）を持ち、皮をむいた方向と垂直に上下から桂むきして酢水にとる。

包丁についたレンコンの汁が切り口を汚すので、布巾でふきながら仕事を進める。

目的の料理に合わせた長さに切る。

【花蓮根】

両端の節を切り落とす。

同じ太さの部分を長めに切る。割れやすいのでレンコンを回しながら切るとよい。

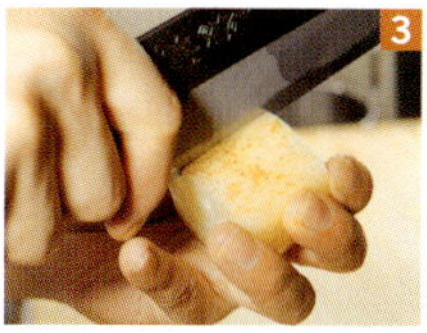

レンコンの穴と穴の真ん中すべてに、5mmほどの切り込みを真っ直ぐに入れる。

穴の中央あたりから**3**の切り込みに向かって、穴の丸みに沿って皮をむく。

3〜**4**を繰り返しながら1周する。写真は1周したところ。

天地を入れ替えて**3**〜**4**を繰り返す。最後になめらかな曲線に修正する。

目的の厚さの輪切りにして酢水に落とす。

【雪輪蓮根・矢車蓮根】

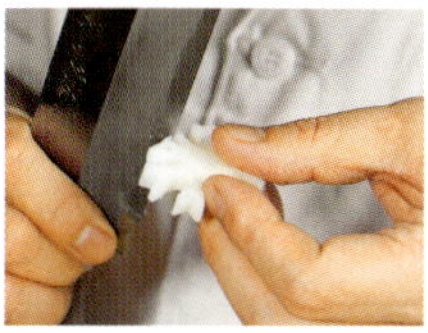
輪切りにして皮をむき、穴の両端をめがけて切り込みを入れて縁を落とす。雪輪は切り落とす幅を小さめに、矢車は穴の形を残さずに末広がりになるよう切り落とす。

流し缶を蒸し器に入れる。

ラップフィルムをかける。

巻き簾と布巾をかけて25分間中火で蒸す。

冷めたら切り分ける。

【蓮根豆腐】

すりおろしたレンコンにつなぎの卵白、水溶き葛粉、塩を加えて混ぜ合わせる。

少量の淡口醤油を加える。

よく混ぜ合わせる。

流し缶に詰める。

トントンと缶を下に落として空気を抜く。上面を一文字で平らにのばす。

【酢蓮根】

沸騰させた湯に下ごしらえしたレンコンを入れてサッとゆでる。

氷水に落として冷やす。

布巾に挟んで水気をふき取る。

甘酢の中に浸ける。ただし長時間浸けると風味を損なうので注意する。

【矢羽根蓮根】

真っ直ぐに包丁を入れた後、1cmの幅をとって斜め切りする。交互に繰り返す。

皮をむく。

皮をむいた状態。

左右対称になるよう半分に切る。わずかに一皮分残すと離れないので扱いやすい。

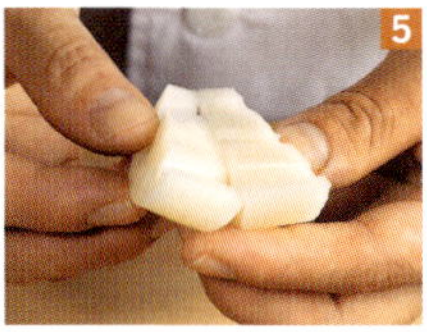

半分に切った切り口を両側に開くと矢羽根の形になる。

鱸の緑焼き

矢車蓮根　はじかみ

矢車にむいたレンコンをサッとゆで、甘酢に浸けて、焼物の添えに。

スズキ（切り身）
塩、卵白、青寄せ（→169頁）、タデ
矢車蓮根、軸ショウガ
甘酢（水3・5、酢1、砂糖1）

1 スズキに塩をふり、八分通り焼く。
2 卵白に青寄せとすり潰したタデの葉を混ぜる。これを**1**に塗って焼き上げる。
3 レンコンを矢車にむいてサッとゆがき、おか上げする。薄く塩をふって甘酢に浸ける。
4 軸ショウガは形よく切り整え、根の部分だけサッとゆでる。おか上げして塩をふり、甘酢に浸ける。
5 スズキを盛り、矢車蓮根、軸ショウガを添える。

握り蓮根

抹茶塩

在来種のレンコン、または秋から冬に採れる粘りのあるレンコンを使う。すりおろしたものを手で握り取って油で揚げた素朴な一品。

レンコン（在来種）
揚げ油
塩、抹茶塩

【握り蓮根】

1 レンコンは皮をむき、細かなおろし金ですりおろす。

2 手で握り取る。水気が多い場合は布巾で包んで絞ってから仕事をする。

3 100℃程度の低温の油に入れ、時間をかけて温度を上げて水分をとばす。

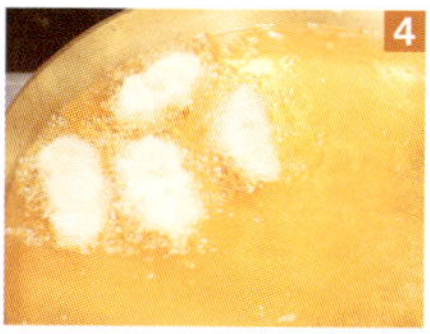

4 泡が大きくなり少なくなる。180℃になってきれいに色づいたら上げて塩をふる。

蓮根豆腐
合鴨　浅葱
芥子　鼈甲あん

蓮根豆腐
合鴨（切り身）、塩
鼈甲あん（一番だし、淡口醤油、濃口醤油、味醂、葛）
アサツキ
溶き芥子

1 蓮根豆腐を切り出し、器に盛りつける。
2 合鴨の切り身に塩をふって蒸し、**1**に添える。器ごと蒸し器で蒸して温める。
3 ゆでて地浸けしたアサツキを添え、鼈甲あん（一番だしに淡口醤油、濃口醤油、味醂で味をつけ、水溶き葛粉でとろみをつける）をかける。溶き芥子を添える。

銀杏

ぎんなん／イチョウ科イチョウ属

中国原産の落葉高木のイチョウの実。自然のものは小粒だが、選抜育種された園芸種は大粒の実をつけ、業務用として使われる。代表的品種は「久寿（くじゅ）」。早採りの新ギンナンはクロロフィルを多く含み、緑色が美しい。

調理のポイント

◎新ギンナンは火加減を慎重に、その緑色を大切に調理する。

◎実に傷をつけない。

◎塩で甘みを引き出し、色を鮮やかにする。

【殻のむき方】 殻を割るには殻割り器を使う。一晩水に浸けて柔らかくしておくと殻と一緒に薄皮も取れる。塩煎り銀杏など、料理によっては塩水（立て塩）を使うこともある。

【松笠銀杏】 殻と薄皮をむいたギンナンを飾り切りにする。お節料理など祝いごとの料理に松笠にむいて用いる。

【殻のむき方】

1 殻をふやかし柔らかくするために一晩水に浸けておく。

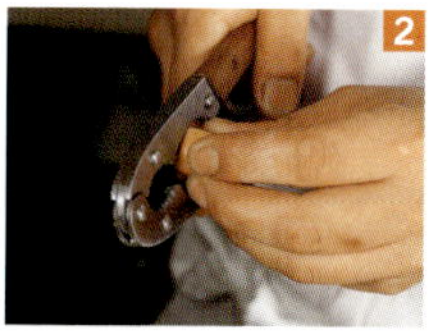

2 スジのある部分を殻割り器で挟み、半分ほどを割る。

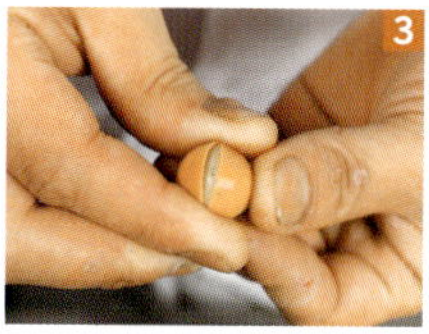

3 スジ目の部分から割れたら指で押して広げる。

4 ここから爪で傷つけないように殻と薄皮をむき取る。

【松笠銀杏】

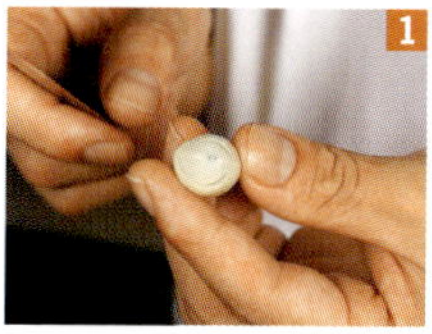

1 皮むき包丁でギンナンの上から4分の1あたりに3つの切り込みを入れる。

※切り込みは、包丁をギンナンに垂直に入れ、次に下からその切り目をすくい採り、V字型の溝を作る。

2 少し下に段を移し、切れ目と切れ目の間に同様にV字の切り込みを入れる。

3 さらに段をずらし、同様に最後まで切り込みを入れる。この後、色よくゆでる。

（写真上から）松笠銀杏、六方むきにした銀杏*、翡翠銀杏

＊天地を切り落とし、子イモの六方むき（→112頁）と同様にむく。新ギンナンの緑色がより引き立つ。

握り銀杏（左）、塩煎り銀杏（右上）、餅銀杏（右下、左が大きく膨らんだ餅銀杏）

【塩煎り銀杏】翡翠煮、水晶煮とも呼ぶ。新ギンナンを使い、鮮やかな緑色を引き出す仕事。

【握り銀杏】柔らかくゆでた塩味のギンナンを粗潰しにして揚げる素朴な一品。

【餅銀杏】ひねのギンナンを使う。殻と薄皮をむいて米の研ぎ汁やゆるい粥でふっくらと炊き上げたギンナンを餅銀杏という。ギンナンは2～3割ほど大きく膨らみ、ねっとりと餅のように柔らかくなる。銀杏粥や醤油漬けにしたり、和え物にする。

【塩煎り銀杏】

1 酒と水を同量合わせた地を作り、塩少量を加えて煮立て、ギンナンを入れる。

2 地は少なめに。多ければ途中で捨て、鍋を傾けて地をからめるように煎り上げる。

3 地がなくなったら、塩が立つように少量の塩をふり入れてからめる。

【握り銀杏】

1 色よくゆでたギンナン（塩煎り銀杏）をすり鉢に入れ、すりこぎで半潰しにする。

2 両手で握り潰し、粘りを出す。

3 握ってまとめる。

4 一口大に取り分け、割れたり離れたりしないようにしっかりと握って固める。

5 片栗粉を刷毛で叩くようにしてまぶす。

6 片栗粉が落ち着いたら、170℃前後の油で揚げる。塩をふって盛りつける。

【餅銀杏】

1 米の研ぎ汁をたっぷりと用意し、殻と薄皮をむいたギンナンを入れる。

2 沸騰直前に弱火にし、ギンナンが静かに動く火加減で炊く。こまめにアクを引く。

3 3～4時間炊くと、もとのギンナンの2～3割ほど膨らんでいる。

海老の銀杏焼き

岩茸

新ギンナンとエビの色の対比が美しい料理。

新ギンナン、葛
エビ、塩
油
イワタケ、吸い地

1 新ギンナンは殻と薄皮をむいて、少量の水を加えてフードプロセッサーで潰してペーストにする。

2 海老の銀杏焼きを作る。

3 イワタケは乾燥のものを水で戻し、掃除をしてゆでる。水で揉んで黒い汁が澄んでくるまで洗う。

4 水気をきってやや濃いめの吸い地で炊く。

5 銀杏焼きを食べやすく切って盛り、イワタケを添える。

【銀杏焼き】

新ギンナンのペーストに、3分の1の葛を混ぜる。

手でよく練り合わせる。手からトロッと落ちる程度の柔らかさに。

エビを開き、曲がらないよう腹側に包丁を入れる。薄塩をあて、**2**を厚くつける。

フライパンに油を敷き、ギンナンをつけた側を焼く。

エビが曲がるので板で反りを軽く押さえて焼く。

八分通り火が入ったら裏返して背のほうにも軽く火を通す。

松茸

まつたけ／キシメジ科

赤松の根に生える茸の中でもっとも珍重される茸。未だ栽培が出来ず、国内では希少価値が高く高値を呼んでいる。最近では中国、カナダ、韓国産など輸入ものが幅をきかせている。

調理のポイント

◎マツタケは香りが命。傘の内側の膜が破れはじめて1日目ぐらいがもっとも香り高い。

◎ヒダが真っ白で、柄が太く、かたくて弾力のあるものを選ぶ。

◎熱処理の火力は強く、短時間で。

【掃除】茸は水を嫌うが、見えない形で土や泥がついている場合が多いので最低限の水洗いを勧めたい。水を含みやすいので静かな流水で手早く洗う。水気をふき取るのも手早く行なう。

【半割り・梨割り】器の大きさや目的とする調理に合わせて切り分ける時、傘の大きさと軸の長さのバランスが大切である。包丁を使うと繊維を切ることになり、香りも開きにくいため、切り目だけ入れて裂くこともある。しかし、焼き松茸のように野趣を出す場合は別として、

【掃除】

1 石突きはかたく、汚れもついている。鉛筆を削るように包丁でそぎ落とす。

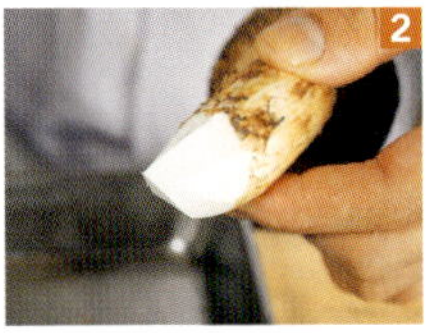

2 石突きを掃除したマツタケ。

3 手でこすると傷がつく恐れがあるので、柔らかい布巾でぬぐって汚れを洗い流す。

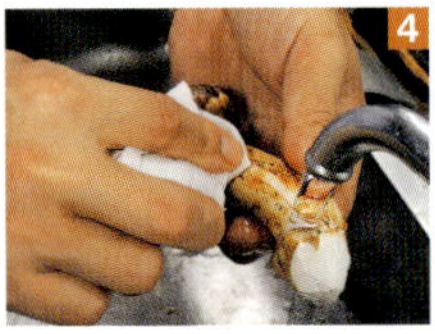

4 軸も同様に布巾で洗う。

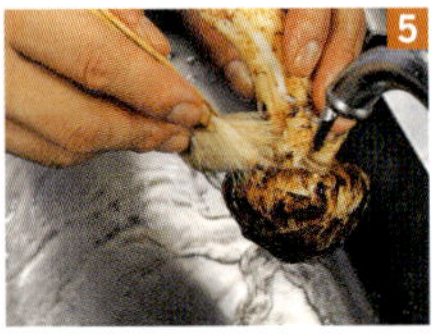

5 傘の裏側は刷毛を使って洗い流す。洗い終えたら布巾で水気をふき取る。

【半割り】

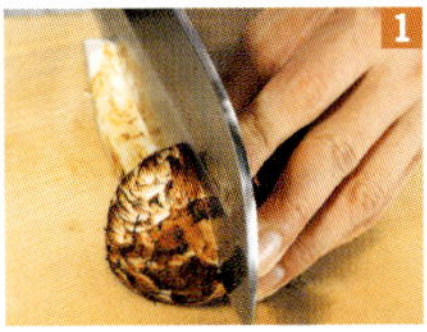

1 2つ割りの場合は軸をそのまま生かして半分に切る。

2 半割りにしたマツタケ。

【梨割り】

1 半割りを6つに割る場合、バランスをとって軸の下部を切り落とす。

2 切り口を下に向けて置き、傘をさらに半分に切る。

3 包丁を寝かせて中心に向けて切り進め、2の傘をさらに3等分する。

美しい包丁の切り口も見せたい。

【針松茸】切り落とした軸の切り方。固い部分なので、薄く切ったり、針打ちして、松茸ご飯や和え物、椀物の香りに使う。

● 煮物椀

湯葉糝薯

松茸　柚子　清汁仕立

【針松茸】

1 軸を縦半分に切り、断面を下に向けて置き、包丁を寝かせて薄くへぐ。

2 それを少しずつずらして並べる。

3 細いせん切り（針打ち）にする。

マツタケのつぼみを梨割りにして吸い地でサッと炊き、椀盛りする。

マツタケ、吸い地

湯葉糝薯

（汲み上げユバ、ヤマイモ、卵黄、塩、淡口醤油）

だし、塩、淡口醤油、ユズ

---

1 汲み上げユバにすりおろしたヤマイモ、卵黄、塩、少量の淡口醤油をすり合わせる。

2 流し缶に流して、蒸し器で20～30分間蒸す。

3 椀の大きさに合わせて切り分けて盛る。

4 マツタケのつぼみを掃除し、梨割りにして、吸い地でサッと炊く。

5 湯葉糝薯にマツタケを添えて盛り、温めた吸い地を張って、ユズを添える。

左は梨割り、右は針松茸

ぶなしめじ

ぶなしめじ／キシメジ科

本シメジ、あるいはシメジという名前で市場に出ているが、正式にはブナシメジ。味も歯応えもよく、人気がある。

【酢浸け】特有の歯応えを生かすために、サッと焼いて加減酢に浸けた。この料理法はほとんどの茸に合う。栽培ものには汚れはほとんどついていないが、念のためザルに取って流水で洗う。

【酢浸け】

1 まず大きく株分けする。

2 マツタケと同様に石突きを削り取り、1本ずつに分ける。流水で洗う。

3 昆布を入れた立て塩に1時間ほど浸けて下味をつけた後水気をふく。

4 アルミホイルに並べて天火で焼く。焼きすぎると縮むので焼き目がつく程度に。

5 加減酢(→42頁)に浸けて味を含ませる。

舞茸

まいたけ／サルノコシカケ科

ブナやミズナラなどの広葉樹の根元に生える。扇状の傘が重なり合って大株になり、天然ものはたいへん高価。最近、栽培種も増えて手には入りやすくなった。味がよく、独特の歯応えがある。

舞茸の辛煮白和え

イクラ

●焼きしめじ酢浸け
菊花

シメジの酢浸け
菊花
甘酢（水、酢、砂糖、塩、昆布）

1 シメジの酢浸けを作る。
2 器に盛りつけて、酢取りの菊花を添える。

マイタケ、だし、濃口醤油、たまり醤油、味醂
白和え衣（豆腐、塩、味醂）、イクラ

1 マイタケを水を張ったボウルで洗う。とりにくい汚れは刷毛で洗う。
2 だし、濃口醤油、少量の溜り醤油、少量の味醂を煮きり、マイタケを炊く。
3 白和え衣を作る。水きりした豆腐を裏漉しし、塩、味醂で味を調える。
4 この和え衣でマイタケを和える。
5 盛りつけてイクラを飾る。

椎茸

しいたけ／キシメジ科マツオウジ属

野生のものではシイ、クヌギ、コナラなどの広葉樹の枯れ木や切り株に発生。栽培は江戸時代初期に始まった。日本でもっとも生産量が多い茸だが、最近は原木栽培のものを菌床栽培のものが追い越しつつある。表面の鱗皮が立ち、ヒダが真っ白できれいに並んでいるものがよい。

【飾り切り】 シイタケを調理する時に傘に飾り切りをすることが多い。火を入れると、切れ目から白い部分が盛り上がって、料理の彩りとなる。

【飾り切り】

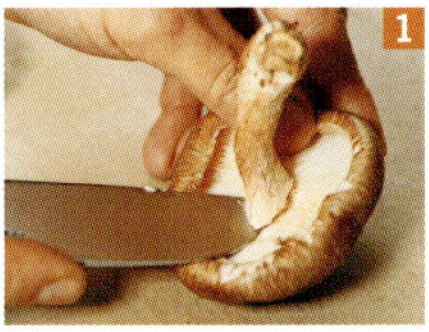

1 軸を切り落とす。軸はせん切りや短冊に切って他の料理に用いる。

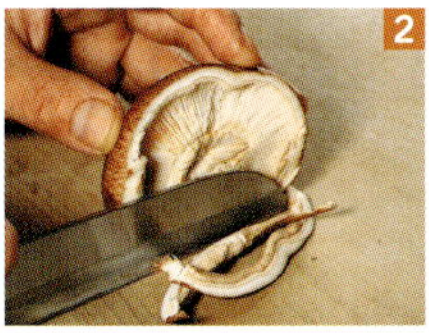

2 傘の縁を切り落とし、形を円形に整える。

3 切り込みには各種あるが、放射状が代表的。V字形に切り込み、白を際立たせる。

4 真っ直ぐに包丁目を入れる方法もある。これは2本の包丁目を井桁に入れたもの。

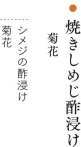

ほうき茸

ほうきだけ／ホウキタケ科

ネズミタケともいう。ブナ、ミズナラなどの雑木林に出る珊瑚状の茸。風味にクセがなく、味にコクがあり、非常においしい。和え物、煮物、炒め物、何にでも合う。

【じか炊き】

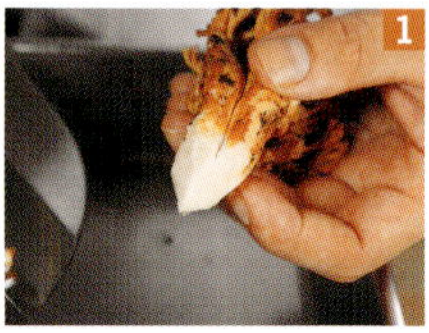

1 他の茸と同様に石突きを削り取る。

2 サッと加熱する場合は、手で裂くと味のしみ込みが早い。

3 内側に残っている土を流水の下で刷毛で洗う。天然ものはこの作業が欠かせない。

4 地を煮立ててホウキダケを煮る。アクを引きながら短時間で炊き上げる。

ほうき茸のじんだ掛け　海苔

ホウキダケ
じか炊きの地＊（一番だし、淡口醤油、味醂）
じんだ衣（エダマメ、塩、白味噌、淡口醤油）
もみ海苔

＊吸い地よりやや濃いめに味をつける。

1 ホウキダケをじか炊きする。
2 じんだ衣を作る。エダマメを塩ゆでしてサヤをはずして薄皮をむく。これをすり、裏漉しする。白味噌と淡口醤油で味を調える。
3 ホウキダケを盛り、じんだ衣をかける。天にもみ海苔を添える。

平茸

ひらたけ／ヒラタケ科

広葉樹の枯れ木や倒木に生える。晩秋に得られ、「寒茸」ともいう。最近栽培されるようになった。クセがなくいろいろな料理に。

平茸の天ぷら
鯛の磯部巻き
塩　すだち

ヒラタケ、タイ、塩、海苔
天ぷら薄衣、揚げ油、塩、スダチ

1 ヒラタケの天ぷらを揚げる。
2 タイは一口大の切り身にして塩をあて、帯状に切った海苔で巻く。
3 天ぷら薄衣にくぐらせて揚げる。
4 ヒラタケとタイの天ぷらを盛り合わせて、塩とスダチを添える。

【天ぷら】

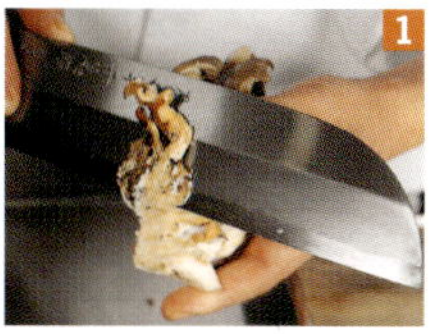

1 大きく割れるところで割る。小さな房はここでは使わないので切り落とす。

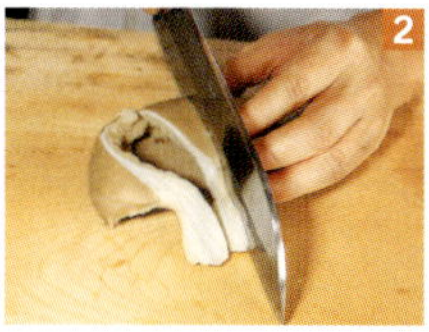

2 下ごしらえをして、適当な大きさに切る。

3 天ぷらの薄衣を半分ぐらいにつける。

4 170℃ぐらいの油で揚げる。

海老芋

えびいも／サトイモ科サトイモ属

里芋の親子兼用種の一つ。唐芋（からいも）を土寄せして子イモを海老のように湾曲させて育てたもの。ホクホクとした粉質できめ細かく、上品な味。京都の伝統野菜になっている。

調理のポイント

◎皮は厚めに、包丁を入れ直さず一気にむく。

◎エビイモにはサトイモよりもアクがあるので、糠ゆがきをていねいに。ただし、糠臭さが残らないように必ずゆで直す。

◎煮くずれを防ぐために蒸し煮込みの手法を使う。

【櫛形】エビイモの太い部分を使い、含め煮など煮物に使う。切り落とした下部は蒸して裏漉ししたり、小さなむきものに利用する。

【櫛形】

同じ幅で使いたいので、太い下部の端と上のくびれている部分を切り落とす。

上下の高さを揃える。へいで平面を作ると面のつやが出る。

縦半分に切る。

半分を縦3つに梨割りにする。

網状になっている部分の内側を厚めに皮をむく。

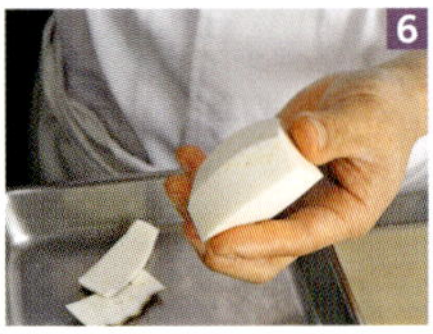

イモの太さ次第だが、2〜3面にむくと美しい。膨らみに沿って一気にむき取る。

煮くずれしないように、角を面取りしておく。

【六方むき1】

両端を切り落とす。

太いほうから膨らみに沿ってむく。断面が正六角形になるよう幅を目測し、左手でエビイモを回転させながら6面むく。

1面だけ先端までむいて均等をくずすことでエビイモらしい曲がった形になる。

全体のバランスをみて形を修正する。細いほうを最初から斜めに切る方法もある。

【六方むき】 サトイモの場合と同様だが、エビイモの独特の形を生かしてむいていく。

【鶴の子】 五方にむいた上面に三角形を浮き彫りにして、鶴のくちばしに見立てる。亀甲に切ったものと対にして、お祝いの料理に用いる。

（写真上から）櫛形、六方むき1、六方むき2、鶴の子

【六方むき2】

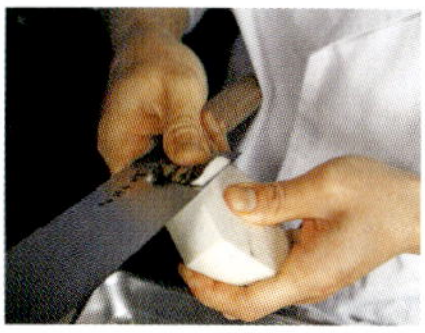

細い部分を切り落として六方むきにする。むき方は**1**と同じ。

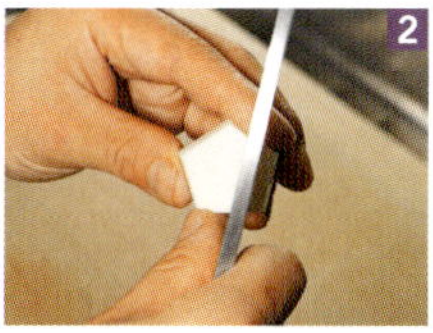

2

頂点をクチバシの先に見立て、その対面の3分の1を結んだ線に切り目を入れる。

3

2㎜程度の厚さで横から切り目まで包丁を入れて切り取る。

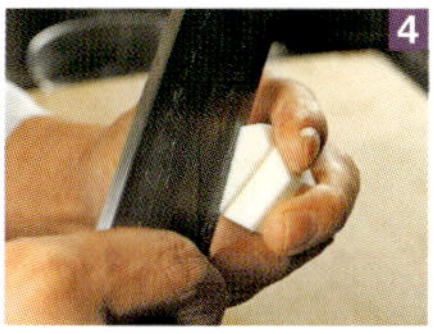

4

上下をひっ繰り返し、反対側からも同様にむき取る。

※仕上り写真の左側は上部もむき取って、よりリアルにしたもの。

【鶴の子】

1

六方むき**1**を応用して断面を五角形にむく。側面は真っ直ぐに切り落してもよい。

芋棒

柚子

エビイモを含め煮にし、ボウダラを炊き合わせた京都の伝統的な料理。

エビイモ、棒ダラ(戻したもの)
一番だし、砂糖、味醂、淡口醤油、ユズ

1 下ゆでしたエビイモを一番だしで煮始める。砂糖、味醂、淡口醤油で味をつけてしばらく静かに煮て味を含ませる。

2 味が決まったら戻した棒ダラを入れてしばらく一緒に炊く。そのまま冷まして味を含ませる。

3 エビイモと棒ダラを盛りつけ、せん切りのユズを添える。

【芋棒】

1 むいたエビイモをボウルに入れて酢を落とす。

2 塩をふり入れる。

3 両手でもんで、エビイモの表面のヌメリを取る。

4 流水にさらして、ヌメリを洗い流す。

5 エビイモはアクがあるので米の研ぎ汁をたっぷりと用意する。

6 落し蓋をしてエビイモが柔らかくなるまでゆでる。ゆで加減は竹串を刺してみる。

7 ゆで上がったら水に落とし、流水で洗い流す。

8 熱湯でゆで直し研ぎ汁の糠気を抜く。くずれないよう1個ずつ穴杓子で引き上げる。

9 鍋に**8**を移して味をつける。味が決まったらボウダラを入れて一緒に炊く。

唐蕎麦《とうそば》

甘鯛の塩焼き　葱　海苔

エビイモを桂むきにして蕎麦のように切って椀物に仕立てる。唐蕎麦と呼ぶ昔ながらの仕事で、つなぎなしで蕎麦状にするための工夫がなされている。唐蕎麦と呼ぶのはエビイモが唐芋の一種だからであろう。

海老芋麺、アマダイ（浜塩）
吸い地、洗いネギ、もみ海苔

1 海老芋麺を作って蒸す。
2 浜塩のアマダイを切り身にして塩焼きにする。
3 海老芋麺とアマダイを一緒に椀に盛り、熱い吸い地を張る。
4 洗いネギともみ海苔を添える。

【海老芋麺】

1 桂むきするのでエビイモの太いほうを使う。切り口をへいで幅を揃える。

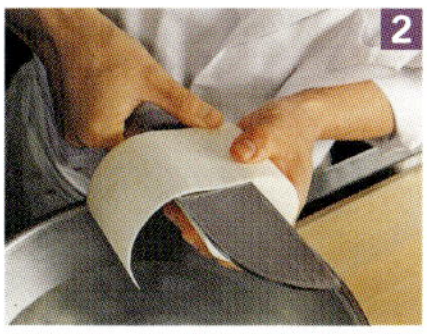

2 3㎜ほどの桂むきにする。常に厚さを見ながら一定にむいていく。

3 立て塩に酒を落とし、端からエビイモを浸けていく。3時間ほどそのまま浸ける。

4 巻き取って引き上げる。浸けた地は後で使うので捨てない。水分をふき取る。

5 20㎝ほどに切り、2枚重ねる。それを3つ折りにする。

6 蕎麦を切るように3㎜幅に切る。

7 **6**をほぐし、**3**の地に浸けて切り口にも味を含ませる。1人前ずつ竹の皮で縛る。

8 半日ほど陰干しにする。使う直前までこの状態でおいておく。

9 サッと酒で洗う。

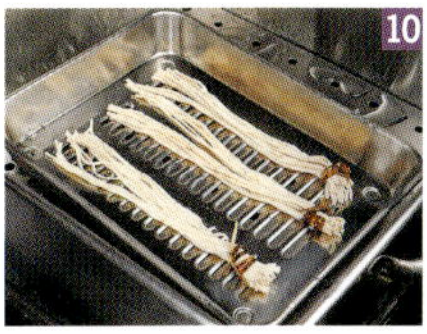

10 蒸し器に入れて、強火で2～3分間蒸して盛りつける。

蕪

かぶ／アブラナ科アブラナ属

伝播したルーツからヨーロッパ型とアジア型に分かれる。アジア型は大型のものが多く、聖護院蕪や天王寺蕪など関西に多い。関西では「かぶら」と呼んでいる。

調理のポイント

◎つやのある肌のきめ細かいものを選び、葉を切り落として別々に保存する。

◎皮は厚めにむき、むいたら水に浸けるか、霜降りして水に浸けるとアク止めができる。

◎身質が柔らかく、煮くずれしやすいので面取りをする。

◎アクを取り、白く仕上げるために米の研ぎ汁で下ゆでをする。

【菊花蕪1】小カブをむいて菊の花に見立てる。包丁の切り口の美しさが決め手。中に味噌やそぼろなどを射込んで、蒸し煮込みで柔らかく煮含める。

【菊花蕪2】カブの表面に細工道具で花びらを彫って作る。仕上がりは美しいが、非常に手がかかるのであまり実践的ではない。煮くずれしないように蒸し煮込みで味を含ませる。

【菊花蕪1】

1 置いた時に安定するように下の部分を切り落とす。

2 皮の内側の網目になっている部分をまず粗くむき取る。

3 その後、丸く形を整えながら薄くむき取る。表面のつやをよくする意味もある。

4 カブをしっかり持って、頂点に十文字の切り込み(V字の溝)を入れる。

5 切り込みと切り込みの間(真ん中)に切り込む。

6 これを繰り返しながら下へ下へとむいていく。

7 上から見ると、均等な模様になっているのがわかる。

【菊花蕪2】

1 曲線を彫るのに便利なむきもの道具の切り出し。鉛筆のように握り仕事を進める。

2 丸くむいたカブの頂点に花びら4枚の曲線を切り込んで描く。

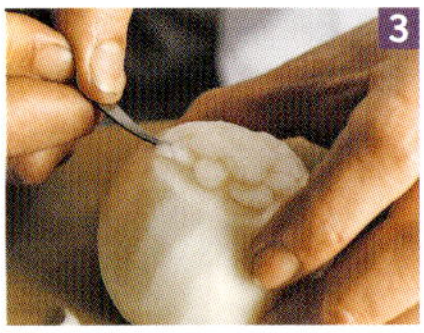

3 それを下からすくい取る。カブをやや斜めに置くとやりやすい。

4 花びらと花びらの間に同じ大きさの花びらを一番下まで彫っていく。

【菊花蕪3】菊花蕪の中では一番シンプルな形。縦横に細かく切れ目を入れたものを水に落とすと切った部分が広がる。これを菊花に見立てる。甘酢に浸け、焼物などに添える。

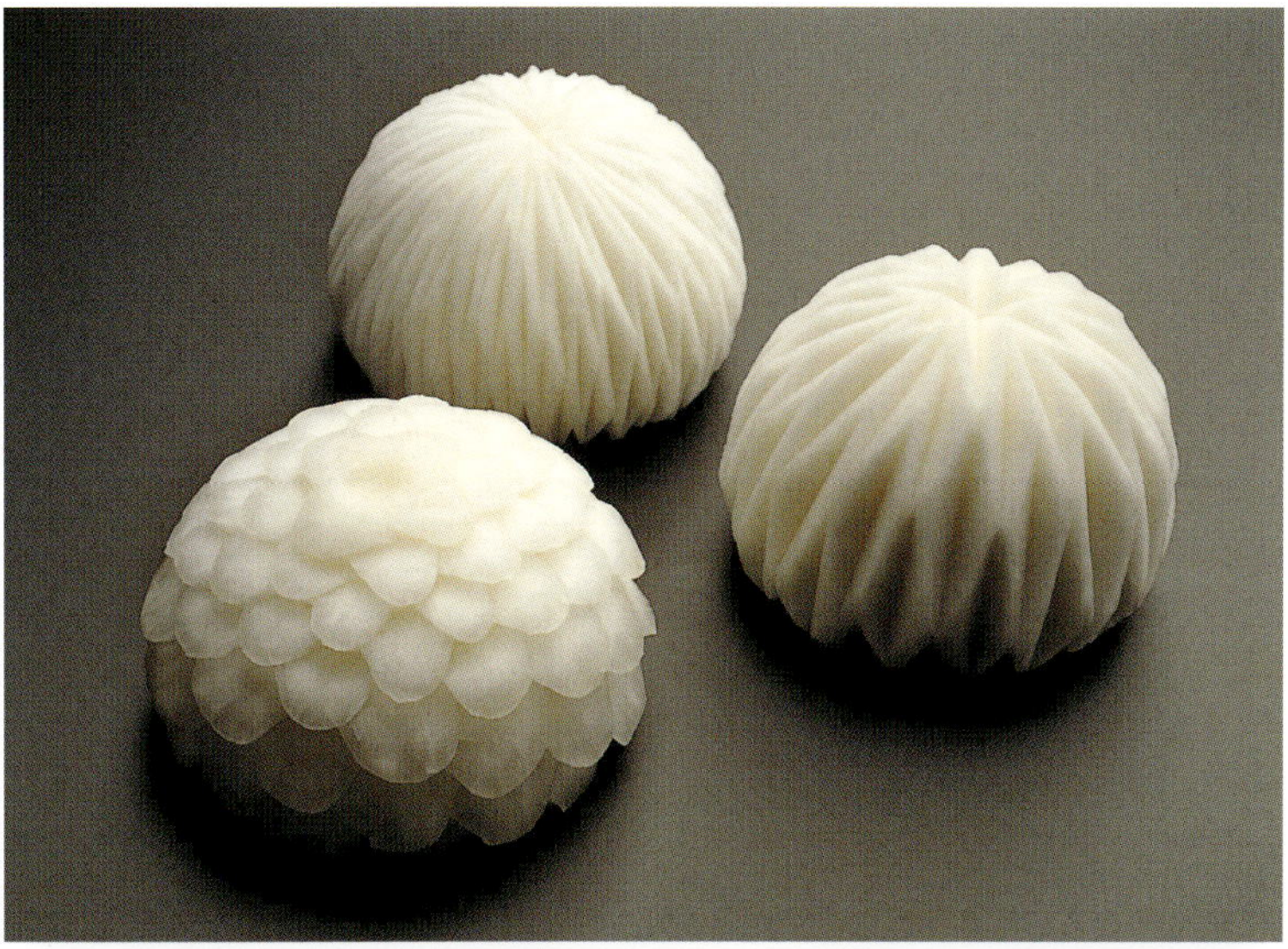

菊花蕪（上は菊花蕪1、2。下は菊花蕪3）

【菊花蕪3】

厚さ3cmの直方体を作り、下部を3mm残して上面に細かな包丁目を入れる。

横からも同様に包丁目を入れて格子状に切る。

切り目を入れたら3cm角に切り分ける。

立て塩に落として少ししんなりさせる。しばらくすると水の中で花のように開く。

蕪の風呂吹き

シンプルな形のカブの釜。穴を開け、蒸し煮にして味を含ませ、田楽味噌を射込む。釜はじっくり煮含め、葉つきの蓋は緑が美しく出るように調理を進める。

カブ
だし、塩、淡口醤油
田楽味噌（↓42頁）

菊花蕪

敷き黄身味噌

敷き味噌という手法は姿を楽しみながら食べるには効果的な手法だ。

菊花蕪2
煮汁（一番だし、塩、味醂、淡口醤油）
玉味噌（↓42頁）

1 カブを菊花にむき、蒸し煮にする。
2 玉味噌を温めて器に敷き、1のカブを盛る。

【蕪釜・風呂吹き】

1 7対3に葉つきの部分を切り落とす。下部も安定するように少し切っておく。

2 葉つきの部分を掃除する。葉を切り落とし、つけ根をむいて美しく整える。

3 葉つきの部分と釜をそれぞれサッと霜降りをして水に落とし、アク止めする。

4 釜だけを蒸し煮込みにする。穴に田楽味噌を射込む。

5 葉つきの部分をのせ、蒸して温めて提供する。

【蒸し煮込み】

1 熱湯に落として霜降りをし、アク止めする。

2 すぐに引き上げて冷水にとる。カブの移動は網杓子か一文字で。

3 カブを蒸し缶に移し、煮汁を注ぐ。白色を損なわないよう醤油は控えめに。

4 ラップフィルム、アルミホイルをかぶせて30～40分間ほど蒸し煮込みをする。

5 蒸し上がったら一文字ですくい取って盛りつける。

サーモンの砧巻き

蕪菜

カブを桂むきにして甘酢で味をつけ、サーモンを鳴門巻きにする。生のカブの歯触りを生かす仕事。

カブ
スモークサーモン（スライス）
甘酢（水4〜8、酢1、砂糖または味醂4・5〜1）

【砧巻き】

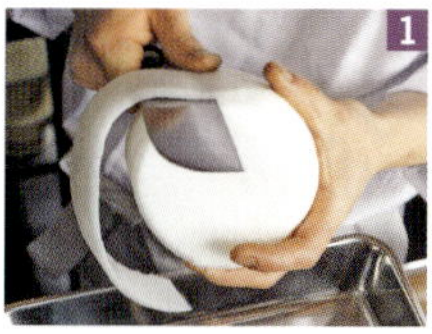

1 カブの天地を切り、厚めに皮をむく。続いて3㎜ほどの厚さの桂むきにする。

2 むいた端から立て塩に浸ける。しんなりしたら巻き取って引き上げる。

3 15㎝ほどの長さに切り、水気をふき取る。

4 バットに並べ、そこへ甘酢を注ぎ入れ、1時間ほど浸ける。

5 汁気をふき取り、スモークサーモンを置いてクルクルと巻き込む。

6 食べやすい厚さ、たとえば1㎝ほどに切り分ける。カブ菜を添える。

菊花蕪

鶏そぼろ射込み

蕪菜

菊花蕪の裏側をくり抜いて、鶏肉のミンチとすり身を混ぜた種を詰めて蒸し煮にした。

菊花蕪1、片栗粉
種（鶏肉ミンチ、すり身、塩、淡口醬油）
だし、塩、淡口醬油

1 菊花蕪の裏側を丸くくり抜く。バットに並べて蒸して火を通す。
2 鶏肉のミンチにすり身を合わせて、塩、淡口醬油で味をつける。
3 くり抜いた穴に片栗粉をふって**2**の種を詰める。
4 バットに**3**のカブを並べ、だし、塩、淡口醬油で味をつけた地をひたひたまで張る。
5 蒸し器で20分間ほど蒸し煮込みにして味を含ませる。
6 カブの葉をゆでて水に取る。水気を絞って、だし、塩、淡口醬油の地でサッと煮て、葉だけを引き上げる。
7 地と葉を別々に冷まし、再び浸け込む。
8 カブを盛り、温めたカブの葉を添える。

蕪釜

海老　銀杏
ちしゃとう　吉野あん

カブを八方にむき、中をくり抜いて蒸し煮込みにする。エビやギンナンを盛り込んで蒸し、吉野あんをかける。

カブ
エビ、ギンナン、チシャトウ
だし、塩、淡口醤油
吉野あん（だし、塩、淡口醤油、葛）

1 カブの天地を落とし、八方に皮をむく。
2 打ち抜きで丸く切り目を入れて、くり抜き器でくり抜き、釜を作る。
3 下ゆでし、蒸し缶に並べて、だし、塩、淡口醤油を合わせた地を張り、蒸し煮にする。
4 エビは背ワタを抜いてサッとゆで、頭、殻、尾を取り除く。
5 ギンナンは殻と薄皮を取ってゆでる。
6 チシャトウは丸くむき、ゆがいて、だし、塩、淡口醤油の地に浸ける。
7 カブの釜にエビ、ギンナン、チシャトウを盛り、蒸して温め、吉野あんをかける。

百合根

ゆりね／ユリ科ユリ属

文字どおり百合の根で、現在食用として栽培されているのは小鬼ユリという品種。ユリネの芽には一つ芽（一つ玉ともいう）、二つ芽、三つ芽があり、一般に一つ芽が上級品。秋が収穫期だが貯蔵性が高いので春先まで使われる。

【大葉百合根・花びら百合根】 ユリネの鱗片の形と大きさを利用して、飾り切りして蒸す。大きな鱗片は焼き目をつけて炊合せや焼物の添えに。小さな鱗片は花びらの形にむき、赤く染めたりして料理に散らし、春を表現する。

【牡丹百合根】 重なり合っている鱗片の先を一枚ずつ切って牡丹の花に見立てる。ユリネの代表的なむきものである。鱗片を切り取る時、包丁の角度を少し内側に斜めにして花びらの縁を尖らせる。また花びらの形を一方向に斜めに切ると美しく仕上がる。

【茶巾百合根】 蒸して裏漉したユリネにヤマイモを混ぜ、味をつけて茶巾に絞る。抹茶を混ぜたものを一緒に絞り、陶器の織部に見立てて織部百合根と呼ぶ。

【大葉百合根・花びら百合根】

1 保存用のおがくずを流水で洗い流す。根に包丁を入れて、芽の数に合わせて割る。

2 茶色く変色している鱗片を取り除く。

3 外側の大きい鱗片を大葉と呼ぶ。周りの薄い部分をむき取って形を整える。

4 花びらにする内側の小さな鱗片。鱗片に残っている土やおがくずを水洗いする。

5 水分をふき取り、周りの薄くなっている部分をむき取る。

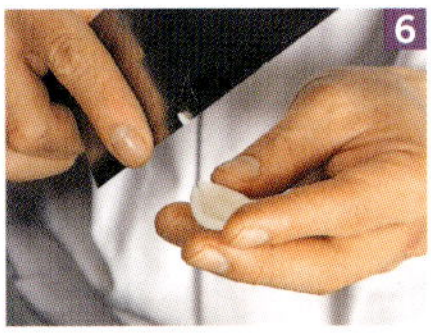

6 小さい鱗片は、桜の花びらをイメージして尖っている先をV字形に切り取る。

【牡丹百合根】

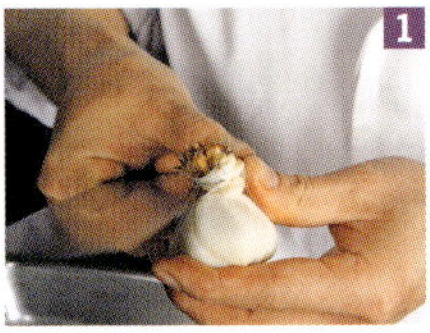

1 根に包丁を入れて、芽の数に合わせて割る。根の部分を切り取る。

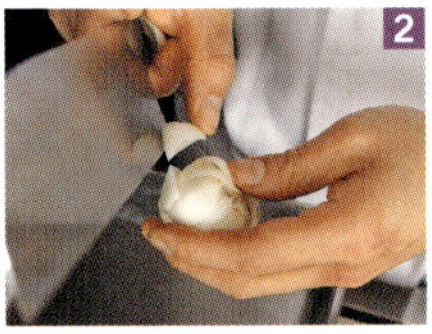

2 周辺部を切って形を整える。側面を上にして持ち、鱗片を下から3分の1で切り取る。

3 すぐ横の重なっている内側の鱗片の先を**2**よりもやや高いところで切る。

4 2周切り取ったもの。上から見たところ。一方向に斜めに切ると美しい。

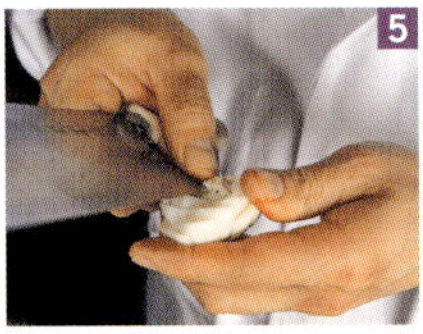

5 包丁の刃元で芽の部分をV字形に切り取る。

6 花びらを軽く押し広げながら隙間に詰まっているおがくずを洗い流す。

牡丹百合根

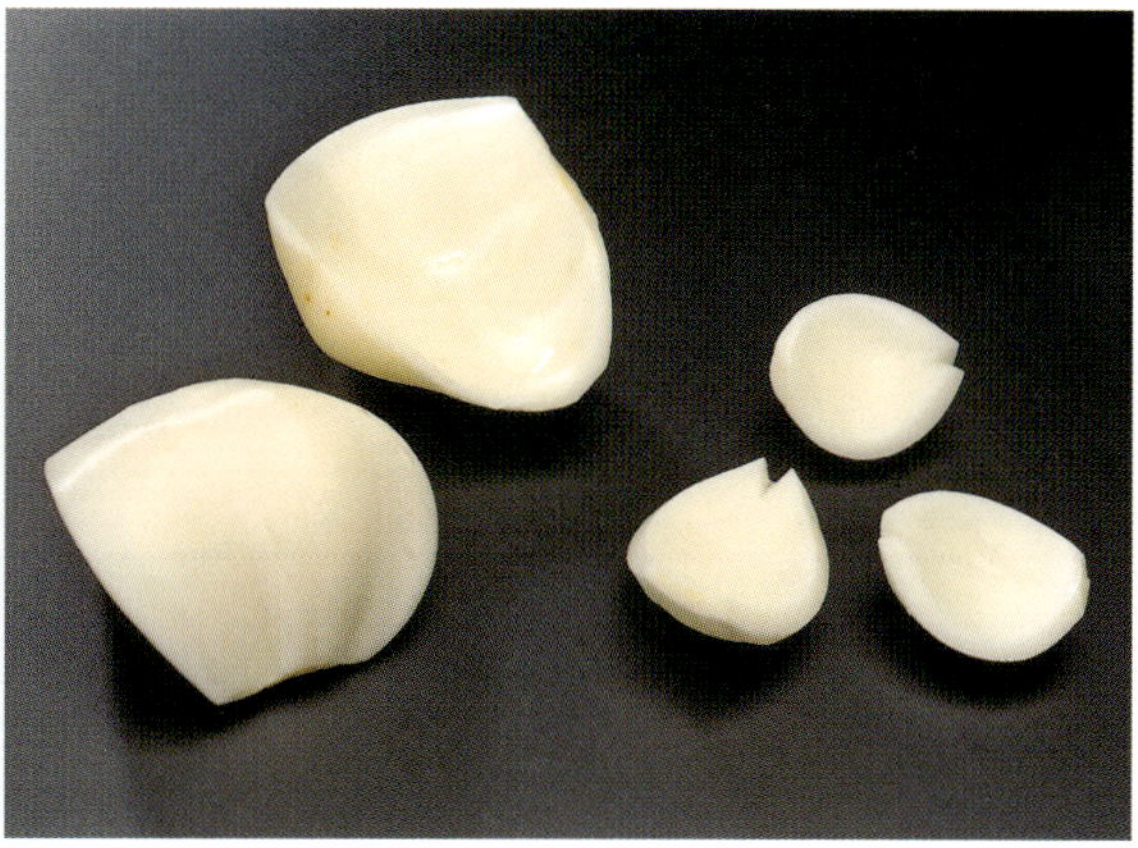

大葉百合根（左）と花びら百合根（右）

7 根元がかたいので、小さいくり抜き器を使ってくり抜いておく。

8 根をくり抜いた状態。

【茶巾百合根】

1 1片ずつにして蒸し、裏漉しする。蒸したヤマイモ半量を混ぜ、塩味をつける。

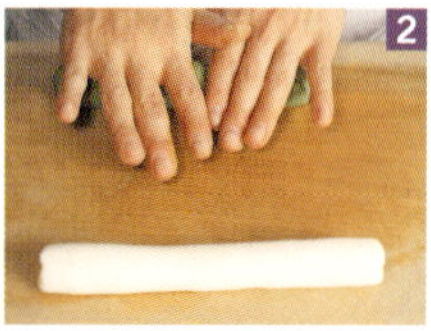

2 まな板の上で棒状にのばす。

3 抹茶を混ぜたものも用意する。2本を並べる。

4 2本合わせて一緒に切り分ける。

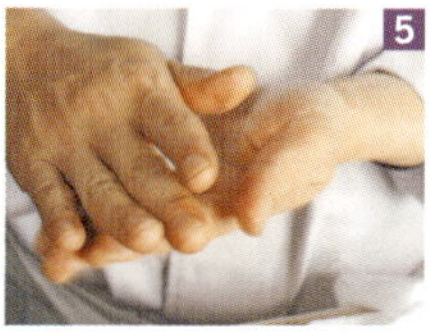

5 手の平でころがし、団子状にする。

6 丸めたもの。

7 湿らせた布巾で包み、茶巾に絞る。底にあたる部分を軽く押して少し横に広げる。

8 茶巾（織部）百合根。真っ白も美しいが、抹茶や梅肉で色づけると変化が出て引き立つ。

炊合せ

平目黄身揚げ煮浸し
焼き目百合根
軸法蓮草

大葉ユリネにバーナーで焼き目をつけて、ひなびた趣を出し、だしで蒸し煮込みにする。

ヒラメ、塩、小麦粉、卵黄、揚げ油
ユリネ
ホウレンソウ
だし、塩、淡口醤油、味醂

---

1 ヒラメを上身にし、へぎ切りにする。薄塩をあて、小麦粉、卵黄をつける。
2 160℃の油で揚げた後、熱湯をかけて油抜きする。
3 だし、塩、淡口醤油を合わせた地を煮立ててヒラメを煮る。
4 ユリネの大葉を掃除し、形を整える。バーナーで表側に焼き目をつける。
5 バットにユリネを並べ、だし、塩、淡口醤油、味醂を合わせた地を張って蒸し煮込みにする。
6 ホウレンソウの軸をゆがき、水にとる。水気を絞り、だし、塩、淡口醤油の冷たい地に浸ける。
7 ヒラメ、ユリネ、ホウレンソウを盛り合わせる。

牡丹百合根蜜煮
茶巾百合根

根菜がおいしくなる冬、
蓄えた旨み、
甘みを丸ごといただく。
ほっこりと蒸した百合根で味わう
端正な美と優しい味。

牡丹百合根、砂糖蜜
茶巾百合根
梅肉

百合根豆腐
錦糸卵あん
木の芽

蒸して裏漉ししたユリネに
1割ほどのすり身と卵白を混ぜ、
だしでゆるめて蒸す。
豆腐のように仕立てて
錦糸玉子を入れた吉野あんをかける。

百合根豆腐（ユリネ、すり身、卵白、だし）
錦糸卵あん（錦糸、だし、塩、淡口醤油、葛）
木ノ芽

1 牡丹百合根を蒸し器に入れてややかために蒸す。
2 蒸し缶に入れて砂糖蜜をかけて蒸し煮込みにし、そのまま冷まして蜜煮を作る。
3 蜜煮に梅肉を添え、茶巾百合根とともに盛り合わせる。

1 百合根豆腐を作る。ユリネを下処理して蒸し、裏漉しする。
2 ユリネに1～2割のすり身、1割程度の卵白を合わせ、だしで柔らかくのばす。
3 流し缶に流して、30分間ほど蒸す。盛りつける器に合わせて四角く切る。
4 錦糸卵あんを作る。まず錦糸玉子を作り、だし、塩、淡口醤油の地に入れて温め薄葛を引く。
5 **3**の百合根豆腐を盛り、**4**の錦糸卵あんをかけ、木ノ芽を添える。

慈姑

くわい／オモダカ科オモダカ属

どうしてこんな字を書くのか不思議だが、水中にのびた枝の先に塊茎をつける姿が慈母が子に授乳する姿に似ているからとか。大きな芽をつけているので、めでたい野菜としてお祝いの席に芽つきで提供されている。

調理のポイント

◎皮が青銅色を帯び、つやのよい、芽がピンとしているものを選ぶ。

◎煮る仕事が多いので煮くずれを防ぐ面取りなどの包丁仕事がベースになる。

◎むきものの仕事は、全体の姿を常に見ながら最初は粗く、だんだん細部を決めていく。

◎えぐみがあるので、皮をむいたらすぐ水にとってアク止めし、下ゆでしてアクを取る。

【六方慈姑】もっともポピュラーな皮のむき方。大きなものは八方にむく場合もある。サトイモの六方むき（→112頁）と同様に仕事を進める。ただし芽を損なわないように注意する。芽のほうからむく場合もあるが、芽が包丁の動きを邪魔するので、ここでは根から芽に向かってむく方法を紹介する。

【六方慈姑】

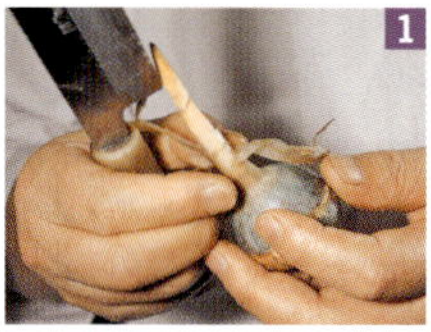

1 芽の薄皮をむき取る。

2 根の先を切り落とす。

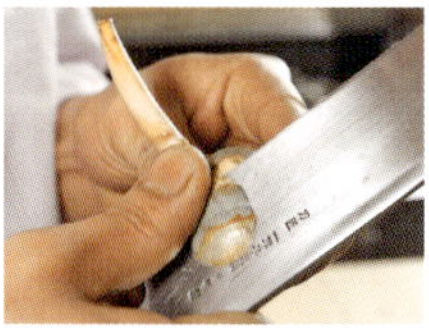

3 包丁の刃を親指で押さえ、動きをセーブしながら6面に皮をむき取る。

4 形を修正する。芽は2〜3cm残して斜めに切り落とす。

【松笠慈姑】

1 六方むきにして六方慈姑を作る。

2 1角おきに角の線に直角に切り目を下まで入れる。残った角にも同様に少し下にずらして切り目を入れる。

3 **2**の切り目に下からすくうようにV字に切り込んでむき取る。

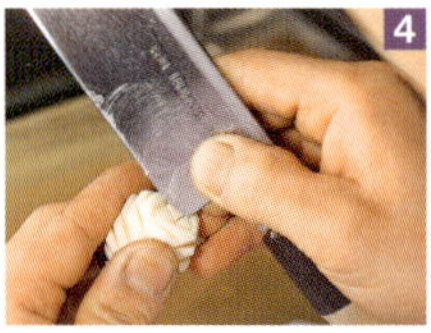

4 刃元を使って底面にV字形の溝を三角形に入れる。

【絵馬慈姑】

1 芽を中心にして立て、包丁の切っ先を使って両側を切り落とす。

2 余分な部分をへいで、面をなめらかにし、厚みを揃える。

3 両側を切り整えたクワイ。

【松笠慈姑】松笠をイメージして切り、煮含めてお祝いの料理に添える。お節料理に使うことも多い。

【絵馬慈姑】クワイを絵馬の形にむく。蒸し煮込みをして、お節料理や二月の天神さんの歳事にちなんで使う。

【鈴慈姑】鈴の形にむく。かなり手の込んだむきものなので、特別の料理に添える。

【小づち慈姑】芽を柄に見立てて。縁起ものの打ち出の小づちの形にむく。お祝いの料理に蒸し煮込みにして添える。

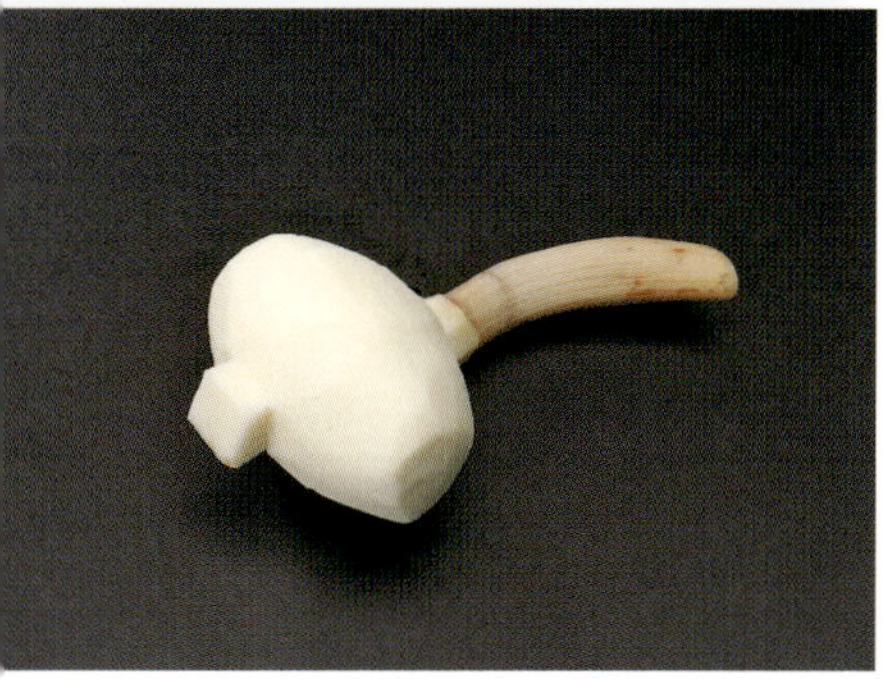

(写真上から) 六方慈姑 (左)、松笠慈姑 (右)、順に絵馬慈姑、鈴慈姑、小づち慈姑

切っ先を使って、芽を中心に両脇を山型に切り落とす。

山型に絵馬の屋根をかたどって切り落としたクワイ。

山型の内側に、幅3mm、深さ3mmほどの切り目を平行に入れる。

切り目の内側に包丁を入れてすくい切る。再度繰り返して2段にする。

底辺を平らに切り落とす。屋根は裏表両側に施すのが好ましい。

下の屋根まで両横を垂直に切り落とす。芽は紐をイメージさせるように切る。

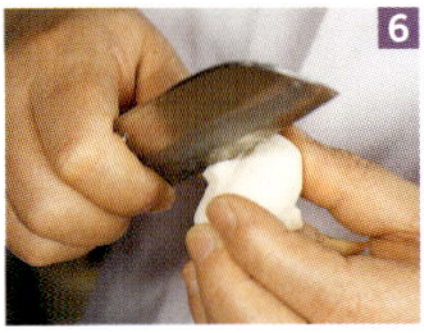

底面の凸を作る。真っ直ぐ包丁を入れ、横からすくい切る。

【小づち慈姑】

芽の曲がりを写真のように持ち、下から上へ幅広に深く皮をむく。

裏側の対面も同様に。平らにむき取ったクワイ。

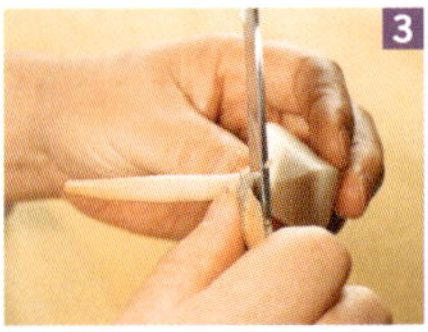

残っている面の皮を浅くむく。

底面の形。

全体を横長の太鼓型にかたどり、側面を真っ直ぐ切り取る。

帯の1㎝ほど下につぼきりをクルクル回し入れ、直径5㎜ほどの穴を開ける。

つぼきりをつき通す。

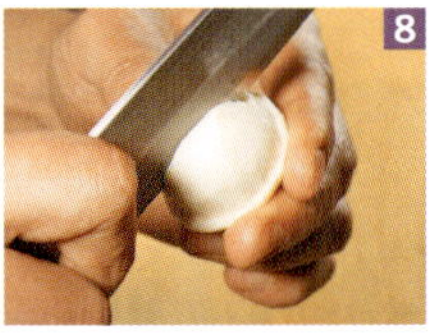

穴が通っている上に切り込みを2本入れて穴まで貫通させる。幅は5㎜ぐらい。

【鈴慈姑】

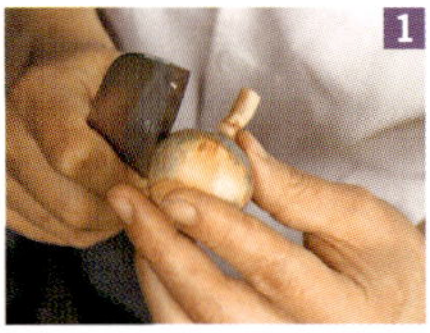

まず帯を作る。やや上寄りに1周、切り目を2本入れる。幅5㎜、深さ3㎜。

芽の根元に包丁を入れ、帯の切れ目に向かって皮をむき取る。

1周して皮をむき取り、角を取ってなめらかにする。

下からも同様に帯の切れ目まで皮をむき取る。

帯の上に残っている皮を薄くむき取ってなめらかにする。

慈姑団子香煎まぶし

クワイはすりおろすとデンプン質でねっとりと粘りが出るので、まとめて団子にすることができる。揚げたてに唐墨香煎をまぶす。

クワイ
揚げ油
唐墨香煎*

*唐墨香煎は、カラスミの使い残しの端などを利用する。まずカラスミをおろし金でおろし、湯煎にかけてパラパラに煎る。これを裏漉して、再び煎る。この工程を2〜3回繰り返すと非常に細かな香煎が出来上がる。

【慈姑団子】

1 クワイの皮をむき、細かな目のおろし金ですりおろす。

2 すりおろしたクワイを裏漉しする。ホクホク感を出したい場合は裏漉しをしない。

3 手に取り、親指と人差し指の間から丸く握り、スプーンで受けて団子にとる。

4 芽の端を切り、形を整えておく。

5 切り落とした芽。

6 160℃の油で団子を揚げる。

7 芽も一緒に揚げる。芽はこげやすいので注意する。

8 揚げた団子に唐墨香煎をまぶす。

金時人参

きんときにんじん／セリ科ニンジン属

ニンジンは東洋系と西洋系があるが、日本に唯一残っている東洋系のニンジン。京ニンジンとも呼ばれ京都の伝統野菜。西洋種とは異なり、出回るのは冬のみ。お節料理には欠かせない素材である。

【梅人参】 紅梅に見立ててむき、煮含めて料理に添える。ダイコンで白梅をむいて対にするのもよい。

【ねじり梅】 梅人参にさらに手を加え、花びらを立体的に浮き彫りにする。2の花びらの切り込みにつぼきり（↓10頁）を使うと曲線になる。

【紅白千代結び・相生《あいおい》結び】 立て塩に浸けてしんなりとさせておくと作業がしやすい。

【手綱《たづな》】 手綱は同時に2本出来る。同様にダイコンで作り、端と端を合わせてねじるように回していくと、紅白の手綱ができる。

【梅人参】

1 ニンジンの直径が4～5㎝の太さのある部分を7～8㎝切り取る。

2 周囲を5辺に切り取り、正5角柱を作る。

3 各辺の中央に5㎜ほどの切り込みを入れる。

【ねじり梅】

1 梅人参を作り、両側に飾り切りをすることを考えて1㎝ほどの厚さに切る。

2 花びらのくびれの部分と中心の花芯を結ぶように、浅く切り目を入れる。

3 右の花びらの端から切り目まで斜めに包丁を入れて、立体的に切り取る。

4 角から切り込みまでカーブをつけて包丁を動かし、花びらの半分を切る。

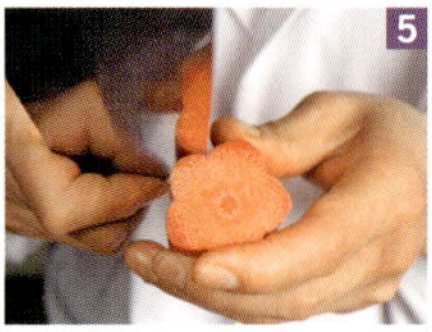

5 5角柱の上下をひっ繰り返し、**4**と同様に曲線で切り取り、5枚の花びらを作る。

6 角の尖った部分を丸く切り、花びらを完成させる。この後、好みの厚さに切る。

【紅白千代結び】

1 ニンジン（赤）とダイコン（白）を幅1㎝、長さ10㎝、厚さ1㎜の長方形に切る。

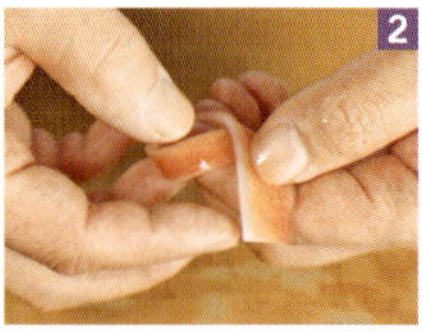

2 立て塩に浸けてしんなりさせ、水気をふく。紅白を二枚重ねて千代結びにする。

3 帯を右1、左3ぐらいのバランスで切り取る。

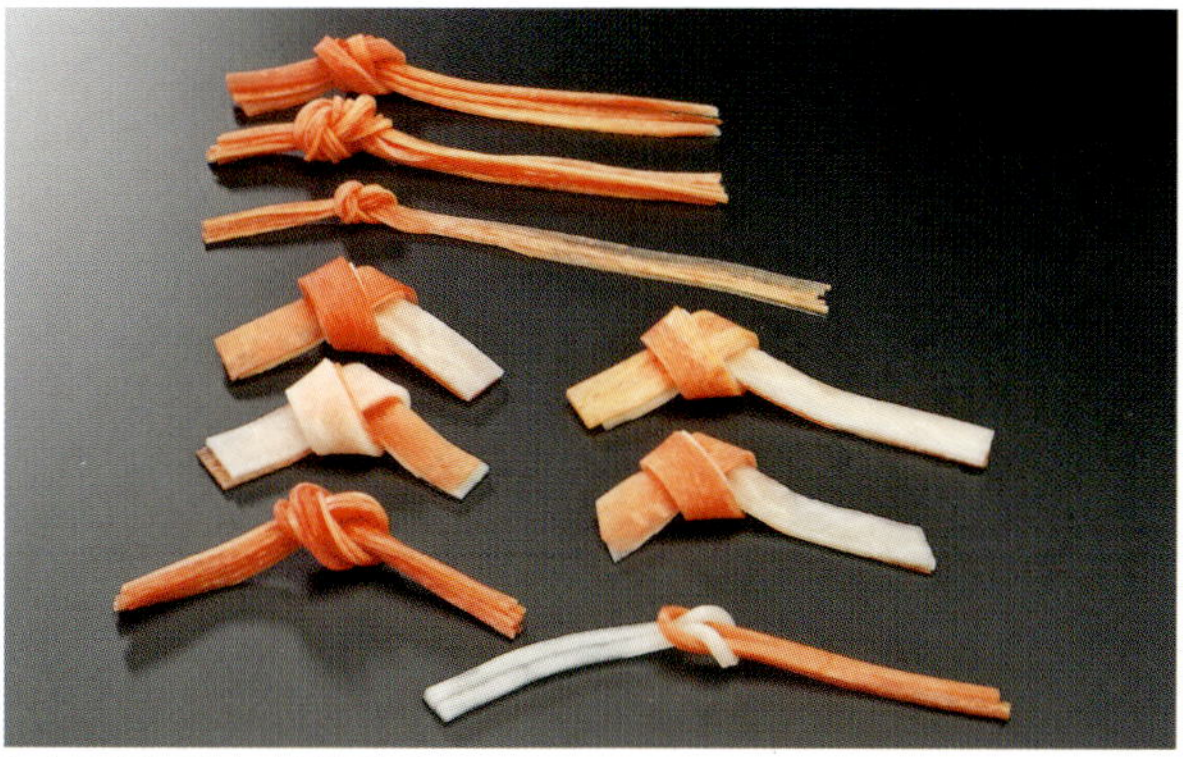

紅白千代結びと紅白相生結び

左が梅人参。右がねじり梅

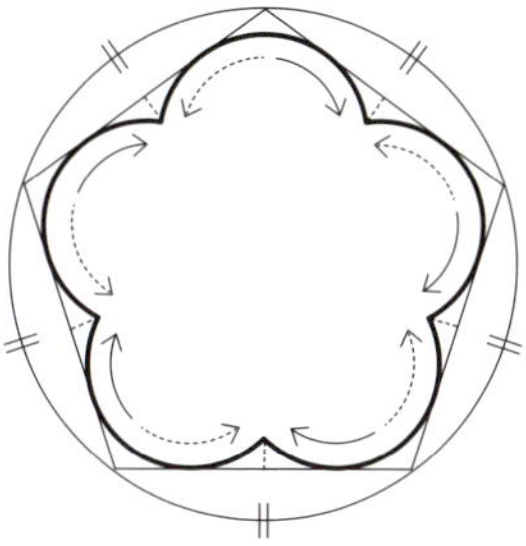

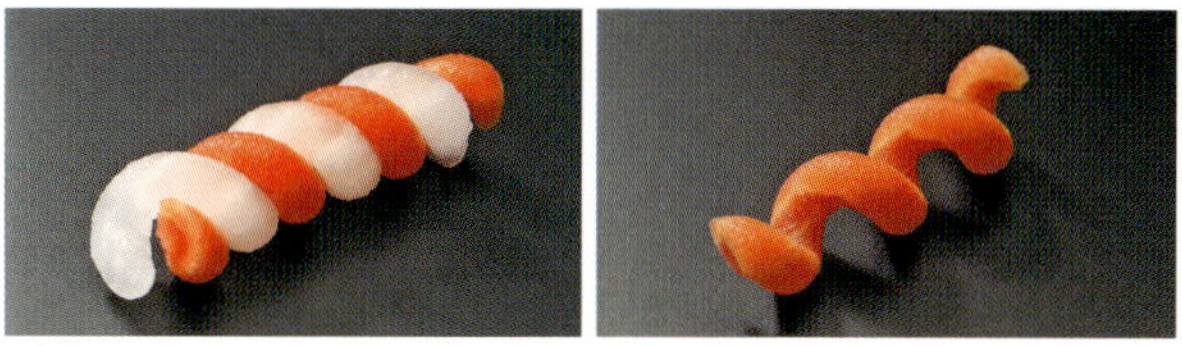

手綱

【手綱《たづな》】

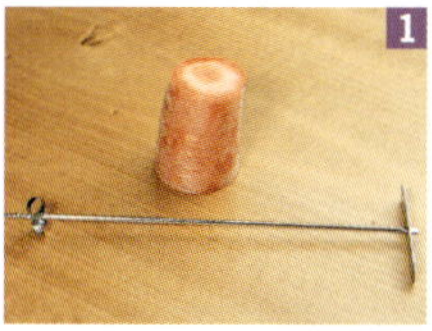

7～8㎝に切ったニンジンと手綱切りの道具。羽根（取っ手）は取りはずせる。

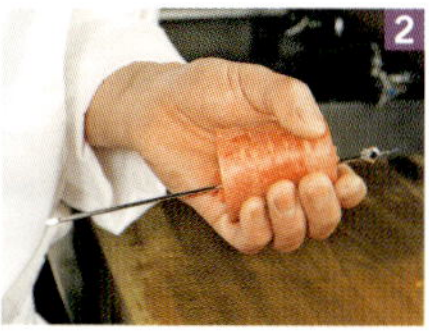

中心に手綱切りの先を差し、右回転でねじ巻く。貫通したら羽根をはずし、向こうから抜く。

手綱の幅を予想し、切れ目を入れる。

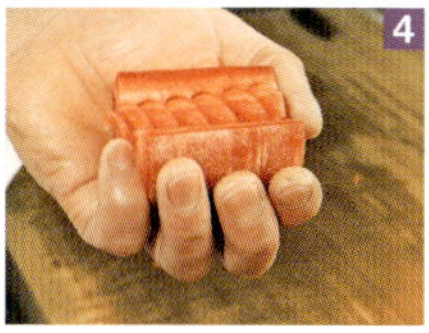

切れている部分を取り出す。先を竹串で刺して反回転させて抜き出す方法もある。

【紅白相生《あいおい》結び】

赤と白を長さ10㎝（白やや長め）、2㎜角の紐状に切り、両方を輪にして持つ。

赤を上にし、赤の両端を白の下から入れて上へ引き出す。

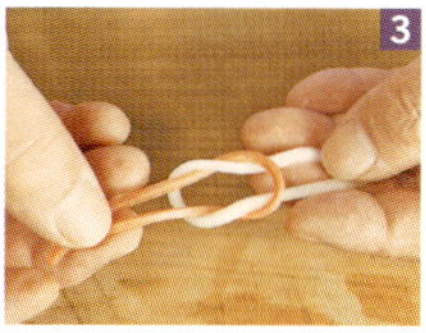

赤白両方に引っ張って、両端を切り揃える。

堀川牛蒡

ほりかわごぼう／キク科ゴボウ属

京都の堀川で栽培されたことからついた名前で京都の伝統野菜。前年の秋に蒔いて育てた苗を翌年の6月頃に斜めに寝かせて植え直す。年末近くに収穫するので1年以上かけて育てることになる。大きなスに詰めものをする料理が多い。

調理のポイント

◎アクを取るために米糠や米の研ぎ汁でゆがくが、スや皮がでこぼこしていて糠が残りやすいため、水洗いはていねいに。

◎強火で火を入れると割れやすいので注意する。

【下ゆで】研ぎ汁で下ゆでした後、糠気を抜くために再度湯でゆでて流水にとるが、長く浸けすぎるとせっかくの持ち味を損なうので、最後は洗う程度でよい。

【下ゆで】

1 流水の下でタワシで土を洗い流し、両端を切り落とし、鍋に入る大きさに切る。

2 研ぎ汁の中に入れる。

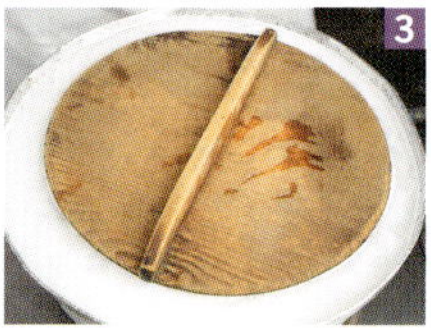

3 落し蓋をし、3〜4時間かけてゆでる。

4 竹串を刺して柔らかさを確認して、スッと通ったら引き上げる。

5 流水にさらして糠気を洗い流す。

6 スの中もよく洗う。この後、沸騰湯で5分間ほど炊き、再度流水に落として洗う。

【射込み堀川牛蒡】

1 下ゆでした堀川ゴボウを一番だし、濃口醤油、味醂、塩を合わせた地で煮含める。

2 落し蓋をして煮含めていく。

3 炊き上がったら3㎝ほどに切る。

4 蒸し器に入れ、数分間蒸して汁気を取る。

5 道明寺粉を、塩と梅酢を加えた昆布だしでふやかして蒸す。これを穴に詰める。

6 バットに入れて蒸し器で蒸して温める。

堀川牛蒡 道明寺射込み

蟹　菜の花
露生姜

射込み堀川牛蒡
カニ
菜ノ花
吉野あん（一番だし、塩、淡口醤油、葛）
ショウガ

1 射込み堀川牛蒡を作る。
2 器に盛って、カニの身、ゆがいた菜ノ花を添える。
3 一番だしに塩と淡口醤油で味をつけて葛を引き、吉野あんを作る。
4 吉野あんを**2**にかけ、ショウガの絞り汁を落とす。

堀川牛蒡の赤土焼き

けしの実　青海苔

煮含めた堀川ゴボウに練りウニを塗って焼き上げる。

堀川ゴボウ
一番だし、濃口醤油、味醂、塩
練りウニ、酒、卵黄、淡口醤油、味醂
青ノリ、けしの実

1 堀川ゴボウを射込み料理に準じて煮含める。ここでは吸い地よりやや濃いめの味で。
2 5〜6㎝に切って縦に割り、打ち抜きで内側をきれいに掃除する。さらに形よく両端を切り揃える。
3 練りウニを酒と卵黄でのばし、淡口醤油と味醂で味を調える。
4 ゴボウを串打ちして、裏表に**3**のウニを刷毛で塗る。
5 表面を乾かす感じであぶり、さらにウニを塗ってあぶる。これを数回繰り返す。
6 表側に青ノリ、裏側にけしの実をふりかけて焼き上げる。

牛蒡

ごぼう／ゴボウ科ゴボウ属

野生のものを日本で作物化した野菜。食用にしているのは日本と台湾だけで、戦時中欧米人の捕虜から「木の根っこ」を食べさせたと抗議があったという。歯応えが持ち味。

調理のポイント

◎ゴボウの持ち味の香りや旨みは皮に多いので、皮をむかないで土だけを洗い流す。

◎切ったゴボウはすぐアクで黒ずむため、そばに酢水を用意しておき、すぐに浸ける。

【乱切り】ゴボウを左手で回しながら、斜め押し切りする。ゴボウの切り口に三つの面が出ないように注意すると美しく切れる。

【管牛蒡】ゴボウの縦に走る繊維と繊維の間を針で切り、管に抜く。この後、そのまま煮含めたり、管に詰め物をして煮たり、揚げたりする。

【結び牛蒡】皮の部分を紐状に切り、立て塩に浸けてしんなりさせて相生結びにする。椀物の香りや煮物のアクセントに使う。

【笹がき牛蒡】ゴボウに切り目を入れ、回しながら笹

【洗い方】

1 ゴボウを流水にさらしながら、タワシでこすり、土やよごれを洗い流す。

2 残ったよごれは包丁の峰でこそげ取る。持ち味を損なうので取りすぎないように。

【乱切り】

1 乱切りの大きさを揃えるために、根元の細い部分を切り落とす。これは別に使う。

2 ゴボウを横に置き、斜めに包丁の先を切り入れる。

3 次に左手で手前に90度回して切る。上下に回転させながら同様に切っていく。

4 根の先の細い部分は、包丁を入れる幅を広くとり、長めの乱切りにする。

5 切ったものはアクがまわらないようにすぐに酢水に浸けておく。

【管牛蒡】

1 ゴボウを目的の長さに切る。両方から木綿針が届く程度の長さにする。

2 湯を沸かし、塩と酢を入れてゆでる。ゆですぎると割れるので注意する。

3 ゆで上がったら水にとって冷やす。これは余熱で火が入るのを防ぐためである。

の葉状に薄くそぎ切りにする。

【叩き牛蒡】叩いて組織を潰し、味を吸収しやすくする。叩き牛蒡は包丁使いのことではなくて、お節料理に詰める料理の代名詞にもなっている。叩いた後、ゆがいてから甘酢や胡麻酢に浸ける。軽くゆがいてから叩く方法もある。

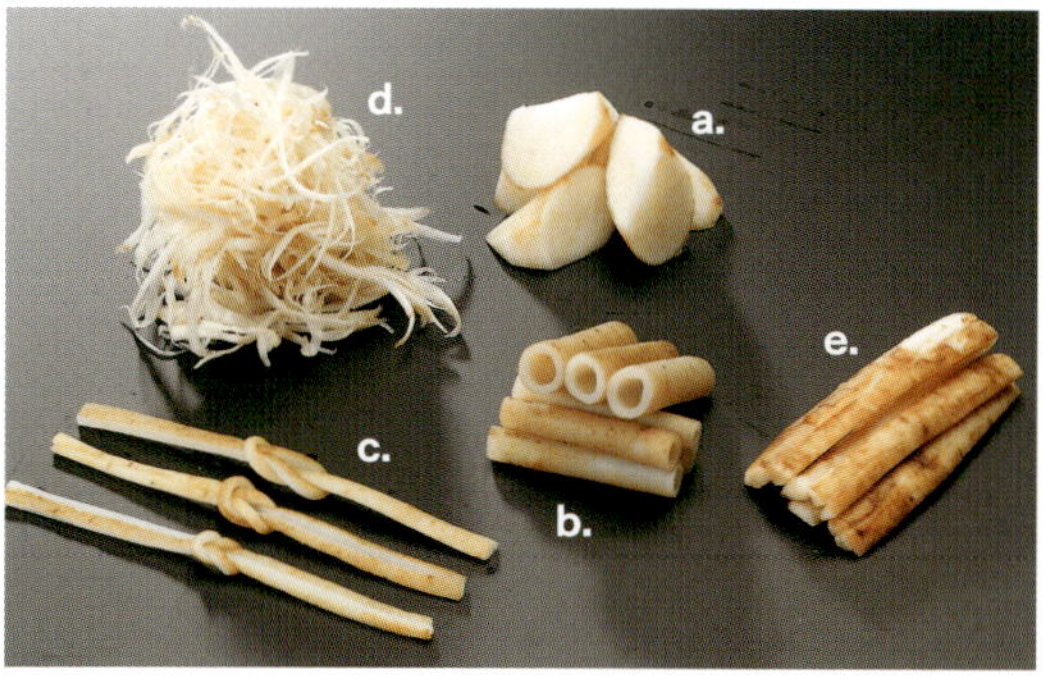

a. 乱切り **b.** 管牛蒡 **c.** 結び牛蒡 **d.** 笹がき牛蒡 **e.** 叩き牛蒡

【叩き牛蒡】

全体を包丁の平で叩く。

目的の料理の長さに切って縦割りにする。

包丁の平で叩く。すりこぎなどの棒でもよい。

【笹がき牛蒡】

茎に近い太い部分は笹がきがやりにくいので切り取る。他の料理に使う。

ゴボウの周りに、縦に6〜8本ぐらいの切り込みを入れる。

まな板の端に3〜5本並べる。包丁を左に寝かせ、左手でゴボウを上下に回転させながら薄くそいで酢水に落とす。

【結び牛蒡】

15㎝ほどの長さに切ったゴボウを4つ割りにする。

芯の部分をへぎ、皮の部分を残す。

ゴボウの太さによって、さらに縦に切り、紐状にして相生結び（→157頁）にする。

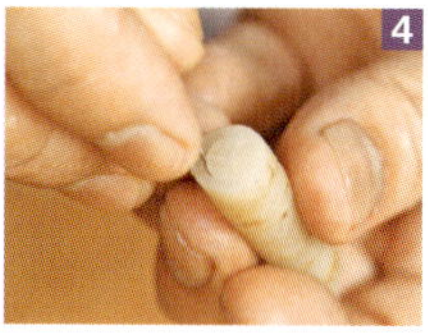

ゴボウの断面を見ると芯の色が変わっている。この境目に長い木綿針を差し込み、境目に沿ってぐるりと回しながら奥へ進めていく。ゴボウが長い場合は反対側からも同じ仕事をする。

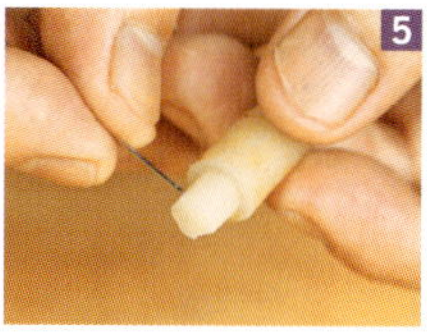

芯が完全に離れたら、芯を引っ張り出す。

● 煮付　あぶらめ

管牛蒡　針生姜

アブラメを炊いている鍋に、管牛蒡を入れて炊き上げる。

アブラメ
管牛蒡
酒、濃口醤油、味醂
ショウガ

1 アブラメを水洗いして三枚におろし、切り身にする。
2 酒、濃口醤油、味醂を煮立てたところへアブラメを入れてサッと煮て引き上げる。
3 管牛蒡を作り、**2**の鍋に入れて煮含め、アブラメを戻して一緒に炊き上げる。
4 針ショウガを天盛りする。

● きんぴら牛蒡

胡麻　一味唐辛子

ゴボウの料理ではもっとも身近な常備菜。笹がき牛蒡を炒めて味をつける。

笹がき牛蒡
サラダ油、胡麻油
酒、味醂、濃口醤油
胡麻、一味トウガラシ

1 フライパンにサラダ油と胡麻油をたっぷりと敷く。
2 酢水に浸けた笹がき牛蒡は水きりをし、**1**のフライパンで炒める。
3 酒、味醂、濃口醤油で味をつけて、サッと炒める。
4 上がりに一味トウガラシ、胡麻をふる。

管牛蒡射込み糝薯
玉子　海老　鱧

各種の糝薯を詰めた管牛蒡を煮て乱切りにした、ゴボウ独特の仕事が重なった料理。

管牛蒡、小麦粉
すり身、卵黄、淡口醤油、味醂
エビ、すり身
ハモのすり身
だし、淡口醤油、酒、味醂

1 3種類の糝薯地を作る。すり身に卵黄を混ぜ、淡口醤油と味醂で味を調える。
2 エビの殻と背ワタを取り、すり鉢ですってすり身を2割ほど混ぜる。
3 ハモですり身を作る。
4 管牛蒡の穴に打ち粉をして3種類の糝薯を詰める。
5 だしに淡口醤油、味醂、少量の酒を合わせて、4のゴボウをサッと炊き、地浸けする。
6 冷めたら地をきって乱切りにする。

長芋

ながいも／ヤマノイモ科ヤマノイモ属

ルーツは天然の山イモで、中国では紀元前から栽培されていた。日本へ渡来してから改良されて多くの品種が生まれた。その中で長イモはもっともポピュラー。シャキシャキした歯触りが持ち味。

調理のポイント

◎長イモは皮をむいた後、アクがまわるので、アク止めに酢水に浸けておくとよい。

◎割れやすいので繊維に沿って切るほうがよい。

【白扇】長イモの白さを生かし、扇の形にむき、蒸し煮にしてお祝いの料理などに添える。右開き、左開き、折り目の数もさまざま。

【長芋素麺】長イモを生で食べる時、拍子木や短冊に切ることが多い。しかし、桂むきにして細く切り、あたかも素麺のように仕立てる方法もある。旨だしは温かくても冷たくてもおいしい。

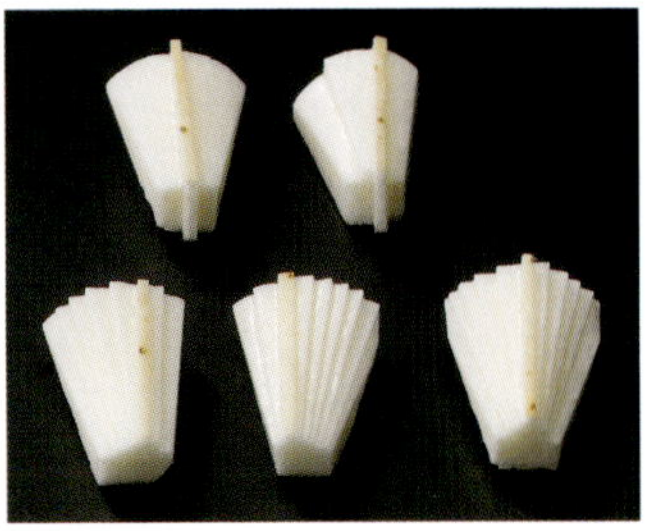

白扇

【白扇】

1 長さ5㎝ほどに切り、縦半分に切る。

2 皮を上にして置き、両端を斜めに切り落とし、扇の形に粗取りする。

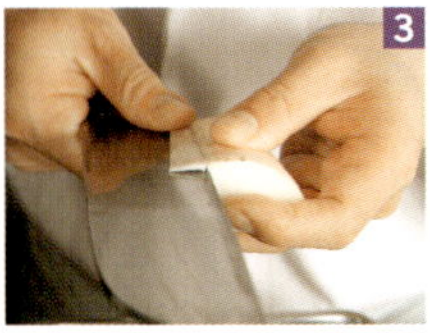

3 皮の3分の1あたりに斜めの切り目(深さ3㎜)を入れ、ここまで皮をむき取る。

4 扇の上の面を**3**の切り目(骨)まで切り取る。

5 折り目の1つができた。

6 左側の折り目を作る。扇面に垂直に切り目を入れ、そこまで皮をむき取る。

7 扇の上面にも折り目の段差を作る。真っ直ぐ切り目を入れる。

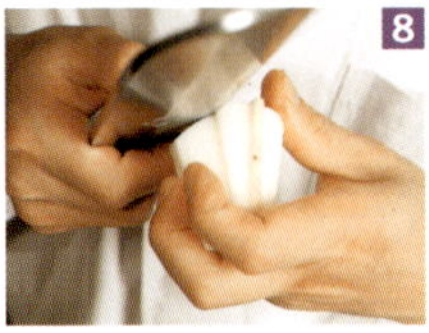

8 曲線をつけて横から切り取る。扇の下面から骨を浮き出すように包丁する。

長芋素麺

雲丹　山葵

旨だし

長芋素麺は真っ直ぐに揃えて盛りつけてもいいし、だしに散らしてもよい。ここでは冷やした旨だしを注いだが、あつあつの素麺の地をかけてもよい。

長イモ、旨だし

ウニ、ワサビ

1 長芋素麺を作る。余分な水分がつかないように、また、形をくずしたくないので酢水に浸けない。そのためアクがまわるので手早く調理する。

2 器に盛りつけ、冷やした旨だしをかけ、ウニ、ワサビを添える。

【長芋素麺】

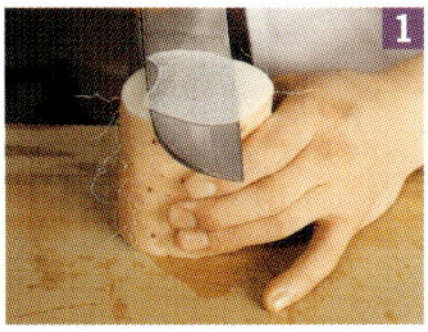

長イモを8〜10㎝に切る。断面をへいで水平にし、高さ(幅)を揃える。

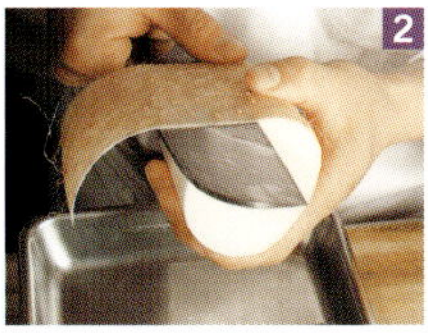

皮をむき取る。

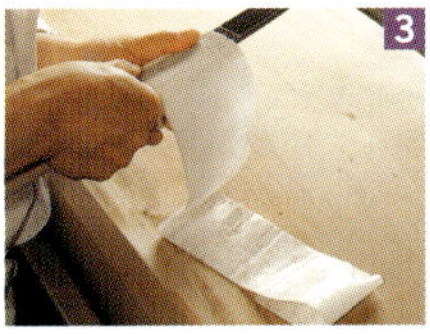

長イモを薄い桂むきにする。

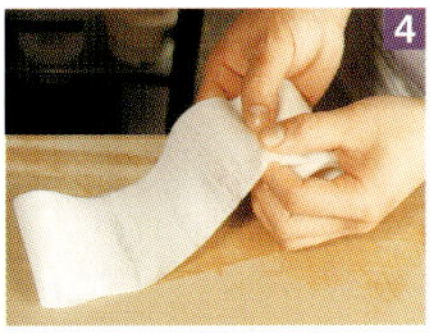

むいたものを巻き取る。これはこの後の仕事で扱いやすくするため。

巻き込んだ内側を下にして置き、まな板にぴったりとくっつけて重ねる。

3〜4枚重ねてせん切りにする。

せん切りにした形をくずさないように慎重に箸で取り、器に盛る。

葱

ねぎ／ユリ科ネギ属

古来から薬効のある野菜とされてきた。大きく根深ネギと葉ネギに分かれる。根深ネギは土寄せして白く育てたもので白ネギとか長ネギと呼ぶ。千住ネギ、下仁田ネギがこの類。葉ネギは緑色の葉の部分を食べる青ネギのことで九条ネギに代表される。

調理のポイント

◎ヌメリの多いものは洗い葱に。素材の状態、目的に応じた下ごしらえを。

◎切ったらすぐ使う。時間をおくと臭みが出てくる。

【みじん切り】薬味などに使う場合の切り方。

【斜め切り・洗い葱】長めに切りたい時は斜め切りにする。この切り方はこんもりとまとめて盛りつけやすい。ネギ特有の強い臭みが他の料理の風味を損なうことがあるので、それを和らげるために流水で洗う。さらし葱とも呼ぶ。

【白髪葱】白ネギをせん切りにすると白髪のように見えるため、白髪葱と呼ばれる。おめでたい名称。臭みを流水で洗い流し、繊細なネギの風味だけを残して薬味に使う。

【みじん切り】

1 長ネギを斜めに置き、包丁の切っ先で縦に何本も引き切りする。

2 8～10本の切り目を入れる。ばらばらにならないように根元は切り落とさない。

3 切り込みを入れ終わったら根元を切り落とす。

4 小口から細かくみじん切りにする。切ったネギはすぐに水に落とし、アクを取る。

【斜め切り・洗い葱】

1 笹打ちと同様に連続的な押し切りで斜めに切る。

2 緑の部分も同様に連続的な押し切りで。

3 すいのう（裏漉し器）に入れて、流水の水圧を上げて洗う。布巾で水気を取る。

※すき焼きや鍋物に使うには、この斜め切りの幅を広くすればよい。

※切ったネギを布巾に包んで流水にさらし、水気を絞るやり方もある。

【白髪葱】

1 白ネギを4～5cmの長さに切る。

2 芯まで縦に切り目を入れて芯を除き、巻いている外の白い部分を使う。

3 1枚ずつはがして芯を取り除く。

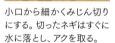

（写真上から）みじん切り、斜め切り・洗い葱、白髪葱

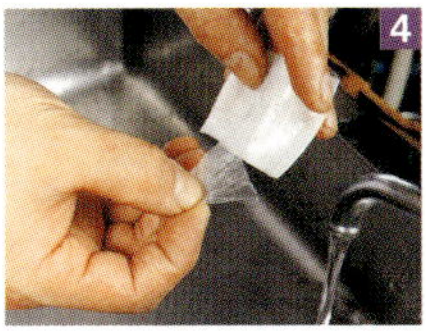

4 内側の薄膜をはがす。歯触りをよくし、臭みを除くために欠かせない。

5 1枚ずつ流水にあて、内側のヌメリを洗い流す。

6 2〜3枚重ねて繊維に沿ってせん切りにする。

7 連続して細いせん切りにする。

8 切ったらすぐに水に落とす。

9 布巾に包んで、口を絞り、流水にあてて軽くもむ。

10 さらし終えたネギ。真っ白でつやよく出来上がる。

11 箸でまとめて、フワッと盛りつけると美しい。

ほうれん草

ほうれんそう／アカザ科ホウレンソウ属

東洋種と西洋種がある。東洋種は葉先が尖り、葉の切れ込みが深く、淡白でお浸し向き。西洋種は葉先が丸く、切れ込みが浅い。肉厚で炒め物向き。最近ではこの中間種が主流になってきた。

調理のポイント

◎栄養価や鮮やかな緑色を保つために加熱は短時間で。
◎露地ものはアクが強いので水さらしは充分にする。

【下ゆで】ホウレンソウはアクがあるので、火を入れる場合は必ず下ゆでし、充分に流水にさらす。アクを流すことで、ほうれん草の甘みも生きてくる。

【青寄せ】料理に緑色を強調したい時、その素材だけでは緑色が足りない時など、野菜から抽出した緑の素（葉緑素）を足して自然な緑色を表現する。その緑の素を、青を寄せたものという意味で「青寄せ」と呼ぶ。いわば天然の緑の着色剤。青寄せには、ホウレンソウやダイコンの葉のような緑の濃い素材を使う。できた青寄せはすでに青臭さが取れているので直接使ってもよい。余分に作って小分けし、冷凍しておくと便利である。

【下ゆで】

1 根元を切り落とす。後でお浸しなど料理に添える場合は少し長めに。

2 火が通りやすくするために先に切り落とした根元に十文字の切り込みを入れる。

3 根元に砂をかんでいることがあるので、流水でとくによく洗い流す。

4 水きりをする。

5 必要量ずつ束ね、根元を竹の皮で縛る。

6 湯に塩を入れ、煮立ったら根元のほうから入れる。切り落とした根元も一緒に。

7 全体を入れて葉を箸で広げ、短時間に湯がまわるようにする。

8 落し蓋をして全体に湯が早くまわるようにする。

9 冷水に落とし、急冷する。30分間ほどかけて充分にアクを洗い流す。

10 水から引き上げ、両手で握り、水気を絞る。

【お浸し】

1 下ゆでしたホウレンソウの水気をしっかり絞って地に浸けてしばらくおく。地をかえて2度浸けする。

ほうれん草のお浸し

糸がきかつお

お浸しは水っぽくならないように、2度浸けにしたほうがよい。

ほうれん草
浸け地（一番だし、塩、淡口醤油、味醂）
糸がきカツオ

1 ホウレンソウのお浸しを作り、地をきって食べやすく切る。根元は栄養価が高く旨みも濃いのでゆでて水にさらして地浸けする。

2 器に盛り、根元を添える。天に糸がきカツオを添える。

【青寄せ】

1 ホウレンソウの茎やかたい部分を取り除き、柔らかい葉だけにする。

2 ザクザクと粗切りする。

3 フードプロセッサーで潰す。すり鉢ですってもよい。

4 **3**を金ザルにのせ、上から熱湯をかけてゴムベラで漉す。漉した液を沸かす。

5 中火で静かに煮立てると、泡が浮いてくる。これはアクなので取り除く。

6 これもまだアク。

7 さらに煮続けていると緑色の葉緑素と水が分離してくる。これをすくい取る。

8 すいのうの上に取って水を切る。この鮮やかな緑色のものが「青寄せ」である。

春菊

しゅんぎく／キク科シュンギク属

シュンギクは、ホウレンソウとほとんど時期を同じくして旬を迎える。ゆで方もその後の調理の選び方もほとんど同じだ。ただし、葉の処理だけが異なる。

【葉の処理】

1 葉を1本ずつ取る。

2 葉を取りながら大中小に分ける。

3 取り分けたシュンギク。

白菜

はくさい／アブラナ科アブラナ属

白菜の原産地は中国。東アジアを中心に分布している。結球、半結球、不結球の三種類があるが、使われている大半は結球のもので、中心が黄色みを帯びた黄心系。

【切り方】 1枚の葉にいろいろな固さの部分があるので、それを分けて、適切な切り方をする。一例として鍋物に使う切り方を紹介する。

【巻白菜】 鍋物の材料としてハクサイを使う時、あらかじめゆでておく場合がある。その場合は見栄えがするように巻いて、切っておく。

【芯の取り方】

1 柳刃包丁の切っ先をハクサイの根元に入れ、かたい芯の部分を回し切りにする。

2 芯を抜き取り、葉を1枚ずつはがす。

【切り方】

1 はがし取った後に残った根元を切り落とす。

2 芯の部分を引き切りで三角形に切り取る。

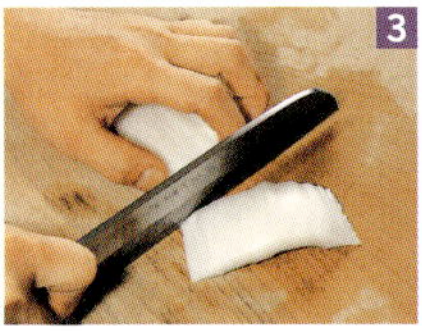

3 下部の一番かたい部分は、せん切りにしたり、包丁目を入れて幅広の短冊に切る。

巻白菜

表側に鹿の子に細かい包丁目を入れて(隠し包丁)、火が通りやすくしておく。

食べやすい幅に切る。

芯の上部の少し柔らかい部分は、先細りに細長く切り分ける。

葉の部分は、まず大きく半分に切る。

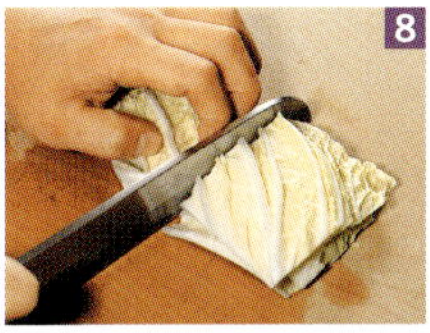

7を重ねて、大振りに切る。このまま盛るので、きれいな面を上にして重ねておく。

【巻白菜】

はがした葉を両手で持ち、芯のほうから沸騰した湯に入れる。

しばらくしたら全体を沈めてゆでる。

葉の緑色があざやかに出てきたらバットに引き上げ、そのまま粗熱をとる。

布巾の上に1枚ずつ広げる。

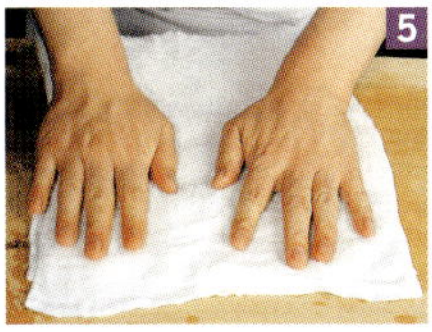

上から布巾をかぶせて水分をとる。

下部のかたい部分を数枚を重ねて切り落とす。

芯のかたい部分に縦に包丁目を入れて(隠し包丁)、食べやすくしておく。

巻き簀に1枚ずつ広げる。葉と芯の位置を交互に、重なり合うように並べる。

手前から巻き簀でしっかりと巻く。

両手で立てて持ち、ギュッと握って水分を絞りとる。

バットに斜めに立てかけて置いて水分をきり、落ち着かせる。

巻き簾をはずして4cmほどに切り分ける。

● 白菜の鶏肉挟み蒸し

吉野あん
針山葵

ハクサイの淡白な甘み、柔らかな風味を生かした蒸し物。ここでは鶏のミンチを挟んで蒸し上げた。ハクサイは【巻白菜】の1～7に準じて下ゆでしている。

ハクサイ、片栗粉
鶏ミンチ肉、卵、塩、淡口醤油、ショウガ
吉野あん（一番だし、塩、淡口醤油、味醂、葛）
針ワサビ（↓69頁）

1 重ね蒸しを切り出して器に盛る。

2 吉野あんを作る。一番だしに塩、淡口醤油、味醂で味をつけ、葛でとろみをつける。

3 **1**にあんをかけ、針ワサビを添える。

【重ね蒸し】

1 下ゆでした内側に刷毛で片栗粉を打つ。これは鶏肉との接着剤の役目をする。

2 蒸し缶に交互に2枚ほど重ねて敷く。

3 鶏ミンチに卵を混ぜ、塩、淡口醤油、絞りショウガを混ぜ合わせて敷き詰める。

4 鶏肉の上に片栗粉をふる。

5 上にハクサイを広げる。**3**～**5**を2、3回繰り返して層にする。一番上はハクサイ。

6 板で軽く押して全体をなじませる。

7 巻き簀、布巾をかけて蒸す。

8 15～20分間ほど蒸して、竹串を刺し、スッと入るのを確かめて火を止める。

9 器に合わせて切り分ける。

青味大根

あおみだいこん／アブラナ科ダイコン属

京都の伝統野菜の一つ。根の部分が20㎝ほどの小ぶりのダイコンで、料理のあしらいや漬け物などに使われてきた。本来は土から出た部分が青く曲がっている。ここで使用するのは土寄せして育てたもの。

調理のポイント

◎葉は鮮やかな緑色に、根は歯応えよく。別々の持ち味を引き出す。

【下処理】小さなダイコンという特徴を生かして、料理の添えに使う。葉は鮮やかな緑に、根はシャキシャキとした歯触りを残したいので、切り離さず別々に調理する。もろみ漬けは以下のように下処理をして、根だけを床漬けにする。歯触りを生かすなら数時間漬けるだけでよい。

【下処理】

汚れた葉を取り除く。全体の姿を見ながら余分な葉を取っておく。

葉のつけ根が荒れているので、下からむき取って掃除をする。

つけ根の掃除を終えたもの。

皮をむいて全体の形を整える。料理の添えには、根を10㎝ほどに切り縮める。

沸騰させた湯に塩を入れ、葉だけをサッと入れて色出しする。

冷水に落として冷ます。冷水には根の部分も一緒に入れてよい。

形を整えた青味ダイコン

柚子

ゆず／ミカン科カンキツ属

初夏に小さな白い花をつけ、それが青い実になり、晩秋には黄色く色づく。花柚子、青柚子、黄柚子と、四季折々に表情を変えて香りを添える。加熱しても芳香が消えず、お椀の蓋を開けた時に立つ香りは至福。果汁は柑橘酢として、焼物や揚げ物、鍋物のぽん酢などに使う。

【糸柚子】ユズの皮を糸のように細く切ったもの。お椀の香りの物や、煮物の天盛りに。

【結び柚子】ユズの皮を細長く切り、千代結びにする。細く長く切って、数本を束ねて結ぶのも風情がある。作り方の基本は糸柚子と同じ。

【糸柚子】

1 汚れた部分を避けて、できるだけ大きく、果肉が切れるぐらいに皮をむく。

2 むいた皮。残った果肉は果汁をとるのに利用するとよい。

3 内側の白いワタは、苦みの原因になるので、へぎ切りでていねいに取る。

4 残ったワタも念を入れて取り、薄い黄色の皮のみを使う。

5 端がむいた時のままで波打っているので、真っ直ぐに縁を切り落とす。

6 必要とする長さに切り分ける。

7 細いせん切りにする。

8 水に落としてアクを取る。布巾で水分を取り、箸でフワッとまとめて盛りつける。

【結び柚子】

1 糸柚子と同様にワタを取った薄皮を用意する。

2 長さは10㎝ぐらい必要。端を切り落とし、真っ直ぐに整える。

3 この場合はできるだけ薄くしたいので、取れるだけ内側の皮をへぎ取る。

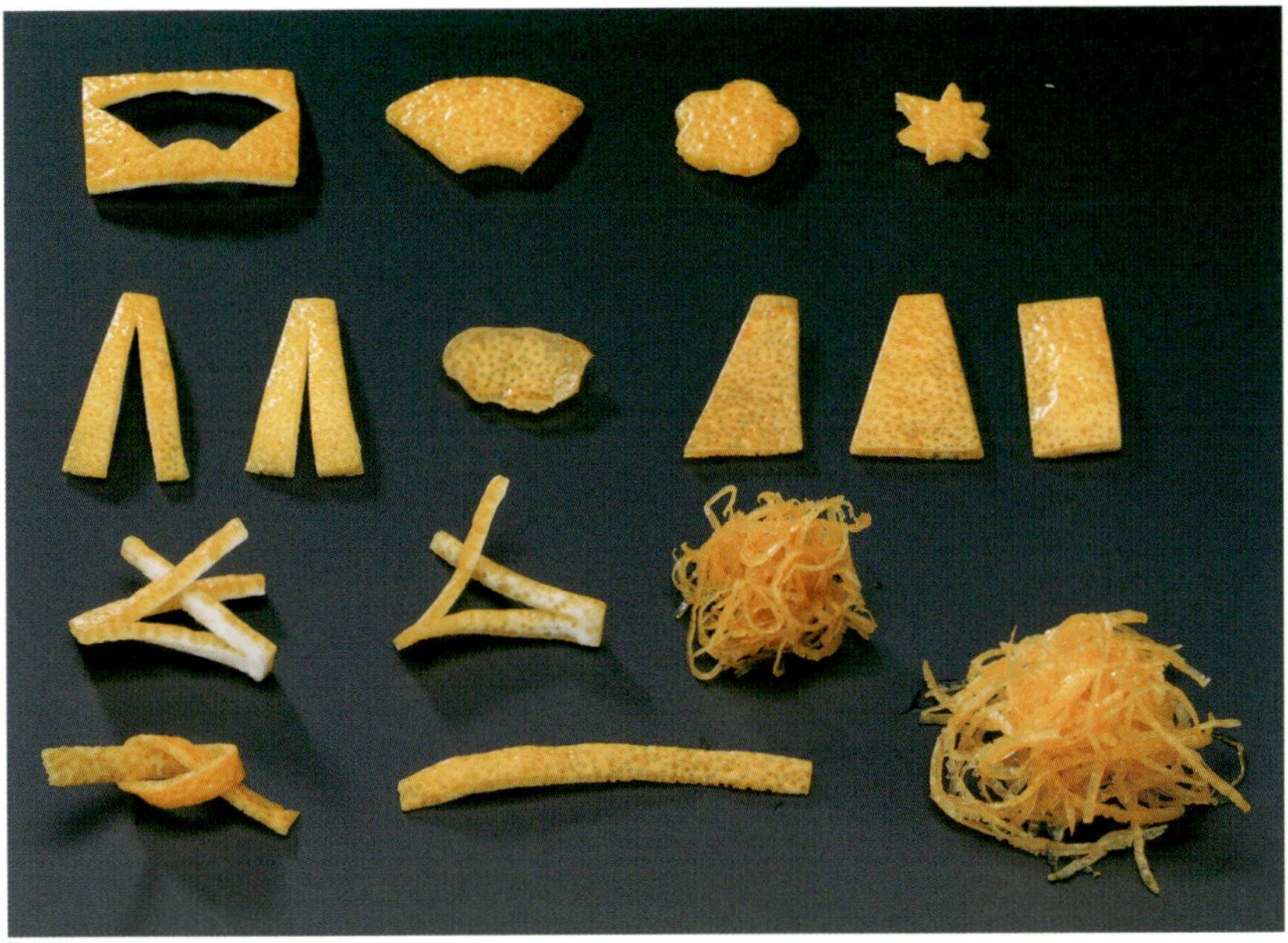

上段左から／抜き扇面、扇面、梅、紅葉
2段目左から／松葉、へぎ、ばち、短冊
3段目左から／変わり折れ松葉、折れ松葉、糸（上下に切った）
4段目左から／結び、一文字、糸（横長に切った）

【折れ松葉】

皮を1cm×4cmの長方形に切る。縦長に置き、上下から交互に切り目を入れる。

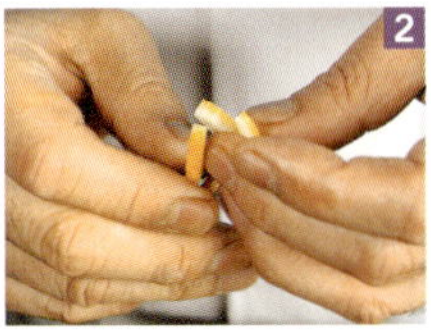

両端をひねるようにして組む。変わり折れ松葉は切り目を1本余分に入れる。

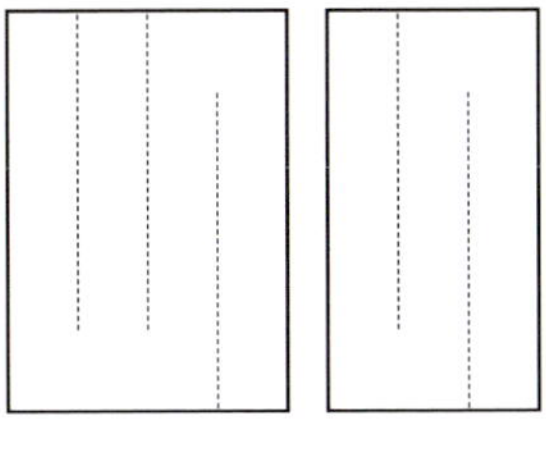

切っ先で1〜2mm幅の引き切りに。途中で幅を修正しながら真っ直ぐに切る。

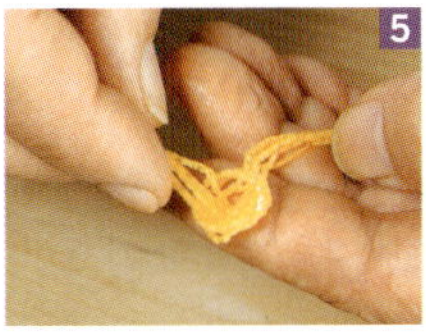

何本かを束ねて千代結びにする。片方を長めにすると姿がよい。

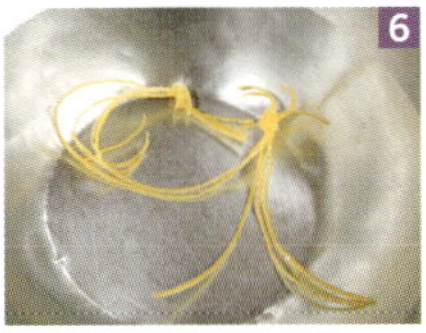

水に落として、糸のからみをほぐす。

蟹入り柚子釜

蟹玉締め　銀杏
三つ葉
吉野あん

柚子釜の中にいろいろな季節の素材を盛り込んで蒸す仕事。ユズの風味と一緒に食べていただく蒸し物で、ここではカニの身を玉子でとじて盛り込んだ。最後に葛あんをかける。

玉地（卵、だし、塩、淡口醤油）
カニ（ほぐしたもの）
ギンナン（ゆでたもの）
軸三ツ葉
柚子釜
吉野あん（一番だし、塩、淡口醤油、味醂）

1 柚子釜を作って温める。

2 吉野あんを作る。一番だしに、塩、少量の淡口醤油、味醂で味をつけ、葛を溶き入れる。

3 器に盛りつけた柚子釜の蓋を取ってあんをかける。

【柚子釜】

1

ユズを横にして置き、蓋を2、釜を9の目安で切り分ける。底を少し切っておく。

2

果肉を取りやすくするため、ぐるりと包丁を入れておく。

3

くり抜き器を使って果肉を取り除く。

4

蓋の種は取り除いておく。

5

卵に2～3割のだしを混ぜ、塩、少量の淡口醤油で味をつけ（玉地）、カニを混ぜる。

6

火にかけてかき混ぜながら半熟にとじる。火を止め、新たな玉地を少し混ぜる。これはふっくらと仕上げるためのコツ。

7

ゆでたギンナンを混ぜ、釜に詰めて、上に軸三ツ葉を散らす。

8

蒸し器に入れ、蓋をのせて5～6分間蒸して温める。

金柑

きんかん／ミカン科カンキツ属

カンキツ類の中ではもっとも小さい。皮の苦みが少なく、栄養価も高いので、皮ごと蜜煮にして提供する。

【蜜煮】 キンカンを丸ごと蜜煮にする。お節料理などに盛り込むが、葉つきで煮ることで風情が高まる。甘みを強めたい場合は、薄蜜*で炊いた後、1晩置いて、翌日に濃蜜に浸け込むとよい。

*薄蜜は水1000ccに砂糖200g、濃蜜は400gを煮溶かしたもの。

【蜜煮】

1 むきもの包丁の刃元に近い部分をキンカンの下部に入れ、スナップをきかせて刃先まで動かしながら切り目を縦に入れる。同時に左手も動かしている。全体に8本ほどの切り目を入れる。

2 薄い立て塩に浸ける。これは切り目のアクを取るため。

3 落し蓋をし、薄い塩湯で柔らかくゆでる。強火では暴れて葉が取れてしまう。

4 手でつまんでみて、ふっくらとしていたらゆで上がり。

5 流水に1時間ほどさらす。余分な苦み、酸味をとる。

6 竹串で切り目から種を取る。蟹スプーンが適している。果肉が抜けないよう注意。

7 蒸し器で数分間蒸して水分をきる。

8 紙蓋をし、薄蜜の中で15分間ほど炊いて冷ます。

用語解説

【ア行】

青寄せ（あおよせ）→169頁
ホウレンソウやダイコンの葉から取り出した緑の色素のこと。料理に緑色を着けたい時に用いる。

アク止め（あくどめ）
アクの強い野菜を水や酢、ミョウバンなどに浸けて変色（褐変）を抑えること。

アク抜き（あくぬき）
野菜を水でさらしたり、ゆでたりして、素材のアクを取り除くこと。灰アクや米糠や重曹や米の研ぎ汁を使ってゆでて抜くことが多い。

揚げ煮（あげに）
素材を油で揚げてから、醤油味で煮ることをいう。ナスやクワイなどで使う方法で、コクがつく。

あたり胡麻（あたりごま）
油が出るまですり、裏漉しした胡麻ペーストのこと。

油抜き（あぶらぬき）
揚げてから煮る時に油があると味ののりが悪く、味も油っこくなるので、熱湯をかけて油を除くこと。

甘酢（あまず）
水、酢、砂糖、塩を合わせ、差し昆布をして煮詰め、冷ましたもの。

合せ酢（あわせず）→42頁
酢に醤油や砂糖など他の調味料を混ぜたもの。二杯酢、三杯酢、加減酢など。

射込む（いこむ）
筒状や丸くくり抜いた素材に他のものを詰め込むこと。

板ずり（いたずり）
野菜に塩をまぶし、まな板の上で転がして塩をすり込むこと。塩ずりともいう。

一番だし（いちばんだし）→41頁
昆布とカツオ節でとった最初のだし。

煎り玉（いりたま）
卵を溶いて、塩などで味をつけ、練って裏漉しする。これを湯煎にかけてかき混ぜ、パラパラに煎ったもの。

色出し（いろだし）
青い野菜をゆでて、色をきれいに発色させる仕事。

色止め（いろどめ）
素材に色をきれいに保つための仕事。青菜をゆでて冷水に落とすのがその代表格。

打ち粉（うちこ）
材料や道具に薄く粉をまぶしつけること。素材がくっつかないようにする場合と、水分を含ませて接着剤の役目をさせる場合とがある。

旨煮（うまに）
だし、醤油、ミリン、砂糖などの地でやや濃いめに煮る煮方。

追ガツオ（おいがつお）
野菜や乾物を煮る場合、煮汁に削りガツオを布などで包んで入れ、旨みを加えること。差しガツオともいう。

おか上げ（おかあげ）→38頁
ゆでたり、煮た素材をザルに引き上げること。「おか」は陸という意味を持つ。

落し蓋（おとしぶた）
煮物などで、鍋に入れて材料に直接のせる蓋のこと。素材が浮き上がらないように、煮汁がまんべんなく素材にまわるようにする。おもに木製のものをいう。

【カ行】

隠し包丁（かくしぼうちょう）
火の通りをよくし、味がよくしみ込むように、素材の裏になる側に包丁目を入れておくこと。

桂むき（かつらむき）→18頁
ダイコンやニンジンなど、円筒状に切った材料から薄くむき取ること。

鹿子（かのこ）
材料に斜め、あるいは縦横に格子状の切り目を入れること。ナスなどに使われる。

雷干し（かみなりぼし）↓88頁
ウリ類の種を抜いてらせん状に切り、塩をして影干しにしたもの。形状が雷神の持つ太鼓の紋のように渦巻きになっているのでこう呼ばれるという説がある。

紙蓋（かみぶた）
煮る時などに、材料の上にのせるパラフィン紙、和紙などの紙の蓋のこと。煮くずれしやすい材料の場合、煮汁を均一にまわして乾燥を防ぐ。木の落し蓋では重い場合、紙蓋を用いる。

芥子味噌（からしみそ）
調味味噌（玉味噌など）にとき芥子を混ぜたもの。

丸にとる（がんにとる）
すり身や肉のミンチにつなぎを入れて丸い団子にすること。

木の芽味噌（きのめみそ）
木ノ芽を混ぜた練り味噌で和え物や、田楽に使う。すり鉢で木の芽をよくすり、玉味噌を加え、色が足りない場合は青寄せも加えて、よくすり混ぜる。

黄身酢（きみず）
卵黄に酢や塩を合わせ、湯煎にかけて練ったもの。和え物などに使う。

葛あん（くずあん）
味をつけただしに葛粉や片栗粉を水溶きして入れ、とろみをつける。

葛寄せ（くずよせ）
すり潰した材料に水溶きした葛を混ぜ、火にかけて練り、型に流して冷やし固めたもの。胡麻豆腐、筍豆腐、うすい豆腐など、豆腐の名前のつくものが多い。

管牛蒡（くだごぼう）↓160頁
ゴボウの芯を抜いたもの。

月冠・月環（げっかん）
筒抜き（打ち抜き）のこと。または筒抜きで抜いた中に詰め物をした料理。

強塩をする（ごうじおをする）
強めに塩をあてること。薄塩の逆。

小口切り（こぐちぎり）
材料の1番小さい断面の端から適当な幅で切っていくこと。また、材料を一口大に切ることもいう。

昆布締め（こぶじめ）
材料を昆布で挟み、昆布の味を材料にしみ込ませること。軽く押しをかけることが多い。

【サ行】

笹がき（ささがき）↓161頁
鉛筆を削るように材料をそぎ切りにする。ゴボウを切る時に使う。

差し昆布（さしこぶ）
煮物や地浸けする時、地に昆布を1枚入れて、味をのせること。

塩ずり（しおずり）
材料に塩をまぶしてこすること。

塩みがき（しおみがき）
材料に塩をまぶしてこすり、細かな毛やヌメリを取り除くこと。野菜の色出しにも使う。

色紙（しきし）↓28頁
料理では正方形の薄く切ったものをいう。薄焼き玉子や昆布などを切る時の形。

地浸け（じづけ）
素材を調味した地に浸けて味を含ませること。

霜降り（しもふり）
材料の表面が白くなる程度に熱湯をかけたり、サッとゆでたりすること。加熱後はおか上げ、あるいは冷水で冷やす。材料のヌメリや臭みを取るために行なう。

蛇籠（じゃかご）↓125頁
細長く編んだ竹籠に小石を詰めたもので護岸用に使われる道具。料理ではレンコンやキュウリをこの形に見立てて飾り切りする。

蛇腹（じゃばら）↓87頁
キュウリに細かく包丁目を入れて

蛇腹のようにしたもの。

上身（じょうみ）
魚や鶏で、骨や内臓を除いたもの。

白髪（しらが）↓166頁
ネギやダイコン、ウドなど白い素材を細くせん切りしたり、ゆでた伊勢エビを細く裂いた状態をいう。

白和え（しろあえ）
豆腐を裏漉しし、調味したもので素材を和える料理。

糝薯（しんじょう）
魚介類のすり身に、タマゴやヤマイモなどのつなぎや塩を加え、蒸したりゆでたりしたもの。

酢洗い（すあらい）
材料を、酢や水で割った酢にサッと通すこと。酢の物にする場合、水っぽさを取るために行なう。

酢取る（すどる）
材料を酢や甘酢に浸けて酢の味をつけること。

すり流し（すりながし）
材料をすり潰し、だしでのばし、塩などで味をつけた汁。葛を引くことが多い。

すり柚子（すりゆず）
ユズの皮をすりおろしたもの。

【タ行】

叩き木の芽（たたききのめ）
木ノ芽を包丁で叩いて細かく切り、香りを出したもの。

立て塩（たてじお）
海水ぐらいの濃度の塩水のこと。だいたい3％ぐらいで、塩を均等につけにくい小魚や野菜を立て塩に浸ける。野菜をしんなりさせたい時にも使う。

玉酒（たまざけ）
酒と水と同割にしたもの。

玉味噌（たまみそ）↓42頁
白味噌に卵黄を混ぜ、酒、砂糖を加えて練り合わせたもの。田楽味噌や和え物など他の調味味噌のベースになる。

茶巾（ちゃきん）
布で素材を包んで端を絞った形。

茶筅に切る（ちゃせんにきる）
抹茶を点てる茶筅のように先を細かく切ること。おもにナスで使われる。

つや煮（つやに）
砂糖や味醂を多めに使って煮汁がなくなり、つやが出るまで煮ること。

田楽味噌（でんがくみそ）↓42頁
田楽にぬる味噌のこと。玉味噌をベースにした白の田楽味噌、赤味噌をベースにしたもの、木の芽味噌などいろいろある。

土佐酢（とさず）↓42頁
酢、淡口醤油、味醂などを合わせ、昆布を入れて煮立て、追ガツオをした合せ酢。

土佐煮（とさに）↓61頁
カツオの味をきかせた煮物で、仕上げに削りガツオをまぶすことが多い。たとえば筍の土佐煮。

【ナ行】

煮きる（にきる）
酒やミリンを煮立て、アルコール分をとばすこと。蒸したり、鍋の中に火を入れることもある。

二番だし（にばんだし）
一番だしをとっただしがらを使ってとるだし。少し煮出してから布漉しするが追ガツオをする場合もある。

二枚鍋（にまいなべ）
水を張った鍋の上に大きな鍋を置いて火にかけ、蒸気で煮る仕事。柔らかな熱を加えることができ、こげにくい。

糠ゆがき（ぬかゆがき）
アクの強い野菜、たとえば、タケノコやゴボウなどを米糠を入れてゆでること。

【ハ行】

灰アク（はいあく）↓39頁
水に木灰を入れて静置し、その上澄み液をとったもの。山菜などアクの強い素材と一緒にゆで、アクを取る。灰汁（あく）、灰あく汁などと呼ぶ。

博多（はかた）
色の異なる素材を博多帯の柄のように交互に重ねた料理の名前。

白煮（はくに）↓51頁
ウドやレンコン、ユリネなどのように白い素材の白い色を生かして煮る仕事。醤油を少なめにし、旨みを補う意味で追ガツオをすることが多い。

刃叩き（はたたき）
包丁でまな板を叩くように切り、材料を細かくする仕事。

八方だし・八方地（はっぽうだし・はっぽうじ）↓41頁
いろいろな用途にすぐに使えるように、だしに調味料を合わせておくもの。野菜八方、酒八方、味醂八方など。

針打ち（はりうち）
材料を針のように細く切ること。また、金串や針を数本使って、素材を細かく突くこともいう。

翡翠煮（ひすいに）↓94・98頁
宝石の翡翠のように美しい緑色に煮る仕事。トウガンやナスの皮を薄くむいてその緑色を大切に煮る仕事がある。

ひと塩（ひとしお）
薄塩をすること。

含め煮（ふくめに）
野菜の煮方の一種で、地浸けなどの手法で、だしの味を素材に含ませて煮上げる仕事。

鼈甲煮（べっこうに）
装飾品に使われるべっこう（海亀の甲羅）の色つやに煮上げること。

【マ行】

水洗い（みずあらい）
魚を下処理することをいい、内臓を取り出し、流水できれいに洗い流す。鱗を取った後、水で洗い流すことをいう場合もある。

水きり（みずきり）
洗ったり、水に浸けておいた材料についた水を除くこと。また、豆腐などの水分を適度に抜くこと。

蒸し煮込み・蒸し煮（むしにこみ）
材料を容器に入れ、煮汁を張って、蒸して火を通す方法。直火で煮ると煮くずれしやすいものに用いる。

面取り（めんとり）↓28頁
野菜を切った角を切り落とすこと。煮くずれを防ぐ目的がある。

【ヤ行】

湯煎（ゆせん）
湯を入れた鍋に材料を入れた鍋を入れて火を通す方法。一定の温度で柔らかく火を通すことができる。

ゆでこぼす
材料をゆでて、そのゆで汁だけを捨てること。材料のアクや苦みを抜くために何回も繰り返すことが多い。

吉野（よしの）
葛を使う仕事につく名前。葛は奈良県の吉野の名産であることから使われるようになった。吉野あん、吉野仕立てなど。

【ラ行】

利久（りきゅう）
胡麻を使った料理につく名前。茶人の利休が胡麻を好んで使ったのでこう呼ばれている。ただし、利休の「休」は、料理にふさわしくないので、「久」を使う。利久揚げ、利久煮など。

六方にむく（ろっぽうにむく）↓112頁
クワイやサトイモなどを胴がふくらんだ六角柱に切り整えること。

【ワ行】

椀盛り（わんもり）
椀の中に中身（椀種）を盛ること。

索引

おわりに

日頃なにげなくやっている仕事を一冊の本にまとめることが、いかにたいへんなことかを実感し、改めて多くのことを勉強させていただきました。

足掛け二年、時には明け方までかかった取材に一生懸命取り組んでくれたスタッフや、包丁持参で応援に駆けつけてくれた多くの料理人の御協力は、十六年たった今でも忘れることができません。心より感謝いたします。

また材料の確保など、御協力いただいた業者の方々にも改めて深くお礼を申し上げます。

著者しるす

著者紹介
奥田高光（おくだ・たかみつ）
1949年、大阪の南区（現中央区）で生まれる。18歳で日本料理の修業に入り、故今和泉明氏に師事。数店の料理店での修業を経て、1978年、29歳で独立。三ツ寺筋で日本料理「梅市」を開業。9年後の87年に現在の地に移転。

日本料理　**梅市**

週がわりでおまかせのコース料理を提供。座敷が3室、カウンター席が15席。

日曜祝日は休業。昼は予約があれば営業する。

大阪市中央区東心斎橋1－6－3　ハイツ千年町2階　TEL06（6241）0576

協力者（敬称略）
伊藤哲郎　神田芳松　吉川英男　佐藤振一郎　柴原由行　高崎愛子　高橋互　竹田浩　地本和弥
豊田正浩　長野純治　野一色治之　平中敏博　町田幸司　銘田俊介　森口隆宏　吉村秀樹

日本料理
野菜調理ハンドブック
基本の下処理・切り方・味つけ

初版印刷　2016年7月30日
初版発行　2016年8月10日

著者©　　奥田高光（おくだ・たかみつ）

発行者　　土肥大介
発行所　　株式会社柴田書店

〒113－8477
東京都文京区湯島3－26－9 イヤサカビル
電話　営業部03－5816－8282（注文・問合せ）
　　　書籍編集部03－5816－8260
http://www.shibatashoten.co.jp

印刷　大日本印刷株式会社
製本　加藤製本株式会社

ISBN 978-4-388-06242-3
Printed in Japan

＊本書は小社発行の単行本『野菜調理の基礎 下処理・切り方・味つけの技法』(2000年5月発行)に掲載された内容を再編集したものである。